BIOGRAFIAS — MEMÓRIAS — DIÁRIOS — CONFISSÕES
ROMANCE — CONTO — NOVELA — FOLCLORE
POESIA — HISTÓRIA

1. MINHA FORMAÇÃO — Joaquim Nabuco
2. WERTHER (Romance) — Goethe
3. O INGÊNUO — Voltaire
4. A PRINCESA DE BABILÔNIA — Voltaire
5. PAIS E FILHOS — Ivan Turgueniev
6. A VOZ DOS SINOS — Charles Dickens
7. ZADIG OU O DESTINO (História Oriental) — Voltaire
8. CÂNDIDO OU O OTIMISMO — Voltaire
9. OS FRUTOS DA TERRA — Knut Hamsun
10. FOME — Knut Hamsun
11. PAN — Knut Hamsun
12. UM VAGABUNDO TOCA EM SURDINA — Knut Hamsun
13. VITÓRIA — Knut Hamsun
14. A RAINHA DE SABÁ — Knut Hamsun

WERTHER

Vol. 2

Capa
Cláudio Martins

Tradução
Galeão Coutinho

EDITORA ITATIAIA
BELO HORIZONTE
Rua São Geraldo, 53 — Floresta — Cep. 30150-070
Tel.: 3212-4600 — Fax: 3224-5151
e-mail: vilaricaeditora@uol.com.br
Home page: www.villarica.com.br

Goethe

WERTHER
(Romance)
1774

EDITORA ITATIAIA
Belo Horizonte

2004

Direitos de Propriedade Literária adquiridos pela
EDITORA ITATIAIA
Belo Horizonte

Impresso no Brasil
Printed in Brazil

ÍNDICE

Livro Primeiro — Werther   11
Segundo Livro   77
Do Editor ao Leitor   120

Juntei cuidadosamente tudo quanto me foi possível recolher a respeito do pobre Werther, e aqui vos ofereço, certo de que me agradecereis. Sei, também, que não podereis recusar vossa admiração e amizade ao seu espírito e caráter, vossas lágrimas ao seu destino.

E a ti, homem bom, que sentes as mesmas angústias do desventurado Werther, possas tu encontrar alguma consolação em seus sofrimentos! Que este pequeno livro te seja um amigo, se a sorte ou a tua própria culpa não permitem que encontres outro mais à mão!

LIVRO PRIMEIRO

WERTHER

(ROMANCE)

Maio, 4

Contente, eu, por haver partido! Meu caro amigo, que é então o coração humano? Apartar-me de você, que tanto estimo, você de quem eu era inseparável, e andar contente! Mas eu sei que me há de perdoar. Longe de você, todas as minhas relações não parecem expressamente escolhidas pelo destino para atormentar um coração como o meu? Pobre Leonor! E, no entanto, eu não sou culpado. Cabe-me alguma culpa se, procurando distrair-me com as suas faceirices, a paixão nasceu no coração da sua irmã? Entretanto... serei, eu inteiramente irrepreensível? Não procurei alimentar os seus sentimentos? Eu mesmo não me divertia com o seu modo inocente e sincero de expressá-los, que tantas vezes nos fez rir, quando na verdade não havia motivos para riso? Não... Que é o homem, para ousar lamentar-se a respeito de si mesmo? Meu amigo, prometo emendar-me. Não mais, como foi sempre meu costume, repisarei os aborrecimentos miúdos que a sorte nos reserva. Quero fruir o presente e considerar o passado como passado. Você tem razão: os homens sofreriam menos se não se aplicassem tanto (e Deus sabe por que eles são assim!) a invocar os males idos e vividos, em vez de esforçar-se por tomar suportável um presente medíocre.

Tenha a bondade de dizer à minha mãe que me ocuparei, da melhor forma possível, do negócio de que ela me incumbiu e mandarei notícias dentro em breve. Avisteime com minha tia; não a achei tão má como a pintam em nossa casa. É uma mulher vivaz, arrebatada, mas de excelente coração. Expus-lhe os prejuízos causados à minha mãe pela retenção da parte que lhe cabe na herança; minha tia contou-me os motivos, dizendo-me as condições mediante as quais está disposta a enviar-nos tudo quanto reclamamos, e até mais alguma coisa. A respeito, é o que há, por hoje; fale à minha mãe que tudo se arranjará. Este pequeno caso, meu amigo, demonstrou-me, ainda uma vez, que os mal-entendidos e a indolência talvez produzam mais discórdias no mundo do que a duplicidade e a maldade: pelo menos, estas duas últimas são mais raras.

Quanto ao resto, sinto-me aqui perfeitamente bem. A solidão, neste verdadeiro paraíso, é um bálsamo para o meu coração sempre fremente, que transborda ao calor exuberante da primavera. Cada árvore, cada sebe forma um tufo de flores, e a gente tem vontade de transformarse em abelha para flutuar neste oceano de perfumes e deles fazer o único alimento.

A vila, em si mesma é pouco agradável, mas em compensação os arredores oferecem belezas naturais indescritíveis. Foi o que decidiu o finado conde de M... a construir seu jardim sobre uma das colinas, que se entrecruzam de modo variado e encantador, formando encostas e vales deliciosos. O jardim é simples; aí penetrando, sente-se logo que não foi um hábil jardineiro quem lhe traçou o plano, mas um coração sensível desejoso de concentrar-se em si mesmo naquele recanto. Já consagrei mais de uma lágrima à memória do conde, no pequeno pavilhão em ruínas, seu retiro predileto, e que é também o meu. Dentro em pouco serei o dono do jardim. O jardineiro, nestes poucos dias, já se fez meu amigo e não há de arrepender-se.

Maio, 10

Minha alma inunda-se de uma serenidade maravilhosa, harmonizando-se com a das doces manhãs primaveris que procuro fruir com todas as minhas forças. Estou só e abandono-me à alegria de viver nesta região criada para as almas iguais à minha. Sou tão feliz, meu amigo, e de tal modo mergulhado no tranqüilo sentimento da minha própria existência, que esqueci a minha arte. Neste momento, seria impossível desenhar a coisa mais simples; e, no entanto, nunca fui tão grande pintor. Quando em torno de mim os vapores se elevam do meu vale querido, e o sol a pino procura devassar a impenetrável penumbra da minha floresta, mas apenas alguns dos seus raios conseguem insinuar-se no fundo deste santuário; quando, à beira da cascata, ocultas sob os arbustos, descubro rente ao chão mil diferentes espécies de plantazinhas; quando sinto mais perto do meu coração o formigar de um pequeno universo escondido embaixo das ervinhas, e são os insetos, moscardos de formas inumeráveis cuja variedade desafia o observador, e sinto a presença do Todo-Poderoso que nos criou à sua imagem, o sopro do Todo-Amante que nos sustenta e faz flutuar num mundo de ternas delícias...; então, meu amigo, é quando o meu olhar amortece, e o mundo em redor, e o céu infinito adormecem inteiramente na minha alma como a imagem da bem-amada; muitas vezes, então, um desejo ardente me arrebata e digo a mim mesmo: "Oh! se tu pudesses exprimir tudo isso! Se tu pudesses exalar, sequer, e fixar no papel tudo quanto palpita dentro de ti com tanto calor e plenitude, de modo que essa obra se tornasse o espelho de tua alma, como tua alma é o espelho de Deus!..." Meu amigo!... Este arroubamento me faz desfalecer; sucumbo sob a força dessas visões magníficas.

Maio, 12

Não sei se os espíritos enganadores visitam estas campanhas, ou se é meu ardente coração que produz esta ilusão celestial: tudo que me cerca parece um paraíso. Nos arredores da vila encontra-se uma fonte para a qual, como Melusina e suas irmãs, me atrai uma espécie de enfeitiçamento. Descendo uma colinazinha, a gente estaca diante de um arco; embaixo, ao fim de vinte degraus, a água brota, cristalina, de um bloco de mármore. O murozinho que a envolve um pouco mais no alto, as grande árvores que lhe sombreiam os arredores, a frescura desse local, tudo isso fascina e ao mesmo tempo causa um frêmito misterioso. Não há dia em que eu não repouse ali pelo menos uma hora. Vejo as moças que saem da vila para buscar água, a mais inocente e a mais necessária das tarefas, outrora praticada pelas próprias filhas dos reis. Quando fico sentado naquele lugar, é como se em redor de mim ressurgissem os costumes patriarcais, os tempos em que os nossos ancestrais se conheciam e noivavam junto dos poços, e os gênios benfazejos adejavam em torno das fontes e nascentes. Aquele que for incapaz de sentir isto como eu, jamais bebeu novas forças na água fresca de uma fonte, depois de uma penosa caminhada a pé, em pleno verão!

Maio, 15

A gente humilde do lugar já me conhece e estima sobretudo as crianças. A princípio, quando os abordava e interrogava, amigavelmente, a respeito disto ou daquilo, alguns, supondo que era para troçá-los, me repeliam rudemente. Eu não me agastava; porém, isso fez-me sentir mais vivamente a verdade de uma observação por mim muitas vezes feita. As pessoas de condição elevada mantém habitualmente uma fria reserva para com a gente comum, pelo só temor de diminuir-se com essa aproximação. Além disso, há os imprudentes que só fingem condescendência para melhor ferir, com seus modos arrogantes, a gente humilde.

Bem sei que não somos, nem podemos ser todos iguais; sustento, porém, que aquele que julga necessário, para se fazer respeitar, distanciar-se do que nós chamamos povo, é tão digno de lástima como o covarde que se esconde à aproximação do inimigo, de medo de ser vencido.

Ultimamente, ao vir à fonte, aí encontrei uma jovem criada que havia depositado o seu pote no último degrau, aguardando uma companheira que a ajudasse a pô-lo à cabeça. Desci e perguntei-lhe, encarando-a: "Quer que a ajude, minha filha?" Ela ruborizou-se: "Oh! Não, senhor!" Respondi-lhe: "Vamos, sem cerimônia!" Ela ajeitou a rodinha, ajudei-a; a moça agradeceu-me e lá se foi, escada acima.

Maio, 17

Tenho feito toda sorte de relações, mas ainda não encontrei a sociedade. Não sei o que em mim atrai todo mundo: são tantos os que a mim se prendem, que chego a aborrecer-me por não poder dar a todos maiores atenções.

Se você me perguntar como é a gente daqui, serei forçado a responder: "A mesma de toda parte". Como a espécie humana é uniforme! A maioria sofre durante quase todo o seu tempo, apenas para poder viver, e os poucos lazeres que lhe restam são de tal modo cheios de preocupações, que ela procura todos os meios de aliviá-las. O destino do homem!

Apesar disso, são excelentes pessoas. Muitas vezes chego a esquecer-me de mim mesmo para participar, com elas, dos prazeres acessíveis às criaturas humanas: uma alegre reunião em torno da mesa modestamente servida, onde reina a cordialidade mais franca; uma excursão de carro, um bailezinho improvisado, etc. Sinto-me muito bem nesse meio, contanto que não me lembre de um mundo de aspirações adormecidas no mais íntimo do meu ser, entorpecendo-se pela inação, e que eu preciso ocultar com todo o cuidado. Ah! como isso me aperta o coração! E, no entanto, ser incompreendido é o destino de todos aqueles que se parecem comigo.

Ah! por que a amiga da minha juventude está morta? Por que cheguei a conhecê-la, ai de mim? Poderia dizer a mim mesmo: "És um insensato em busca daquilo que não se encontra neste mundo".

Mas eu o encontrei, senti junto de mim um coração, uma alma eleita, junto dos quais eu queria superar-me, tornando-me tudo aquilo que serei capaz de ser. Ó Grande Deus, haverá, então, uma só das faculdades da minha alma que não possa ser aproveitada? Perante ela, não podia eu desdobrar inteiramente esta maravilhosa sensibilidade graças à qual meu coração envolve toda a natureza? Não ofereciam nossas conversações uma constante mistura dos mais delicados sentimentos e do mais agudo espírito, assinalando-se em todas as suas modalidades, e até na impertinência, pelo sinal do gênio? Entretanto... ai de mim, mais velha do que eu apenas alguns anos, foi a primeira a baixar ao túmulo. Jamais esquecerei sua firmeza da alma e divina resignação.

Há dias, encontrei um jovem de nome V..., caráter franco e fisionomia radiante de felicidade. Recentemente saído da universidade, sem considerar-se um sábio, crê, entretanto, saber mais do que os outros. Em pouco tempo, adquiriu uma instrução completa, tendo empregado muito bem o seu tempo, ao que várias vezes pude averiguar.

Quando soube que eu desenho muito e conheço o grego, (duas coisas que são tidas aqui como fenomenais) procurou ligar-se a mim, desdobrando uma grande erudição, de *Batteux* a *Wood*, de *Piles* a *Winckelmann*. Assegura-me haver lido toda a primeira parte da teoria de *Sulzer* e possuir um manuscrito de *Heyne*, a respeito da arte antiga. Deixei-o discorrer.

Fiz também relações com um excelente cidadão, cordial e franco: é o bailio do príncipe. Dizem que é um prazer vê-lo no meio dos seus nove filhos. Louvam, sobretudo, a sua filha mais velha. Ele convidou-me a conhecê-la e eu fui fazer-lhe uma visita. Moram num pavilhão de caça pertencente ao príncipe, distante daqui légua e meia. Para lá se transferiu o bailio depois da morte da esposa, porquanto permanecer na vila, e na própria casa onde ela expirou, tornou-se para ele extremamente penoso.

Afora essas pessoas, acho-me envolvido por algumas criaturas caricatas, nas quais tudo me é insuportável, principalmente suas demonstrações de amizade.

Adeus. Eis uma carta que você há de aprovar, pois tudo nela tem um caráter de história.

Maio, 22

A vida humana não passa de um sonho. Mais de uma pessoa já pensou isso. Pois essa impressão também me acompanha por toda parte. Quando vejo os estreitos limites onde se acham encerradas as faculdades ativas e investigadoras do homem, e como todo o nosso labor visa apenas satisfazer nossas necessidades, as quais, por sua vez, não têm outro objetivo senão prolongar nossa mesquinha existência; quando verifico que o nosso espírito só pode encontrar tranqüilidade, quanto a certos pontos das nossas pesquisas, por meio de uma resignação povoada de sonhos, como um presidiário que adornasse de figuras multicoloridas e luminosas perspectivas as paredes da sua célula... tudo isso, Wilhelm, me faz emudecer. Concentro-me e encontro um mundo em mim mesmo! Mas, também aí, é um mundo de pressentimentos e desejos obscuros e não de imagens nítidas e forças vivas. Tudo flutua vagamente nos meus sentidos, e assim, sorrindo e sonhando, prossigo na minha viagem através do mundo.

As crianças — todos os pedagogos eruditos estão de acordo a este respeito — não sabem a razão daquilo que desejam; também os adultos, da mesma forma que as crianças, caminham vacilantes e ao acaso sobre a terra, ignorando, tanto quanto elas, de onde vêm e para onde vão. Não avançam nunca segundo uma orientação segura; deixam-se governar, como as crianças, por meio de biscoitos, pedaços de bolo e vara. E, como agem por essa forma, inconscientemente, parece-me, portanto, que se acham subordinados à vida dos sentidos.

Concordo com você (porque já sei que você vai contraditar-me) que os mais felizes são precisamente aqueles que vivem, dia a dia, como as crianças, passeando, despindo e vestindo as suas bonecas; aqueles que rondam, respeitosos, em torno da gaveta onde a mamãe guardou os bombons, e, quando conseguem agarrar, enfim, as gulodices cobiçadas, devoram-nas com sofreguidão e gritam: "Quero mais!" Eis a gente feliz! Também é ditosa a gente que, emprestando nomes pomposos às suas mesquinhas ocupações, e até às suas paixões, conseguem fazê-las passar por gigantescos empreendimentos destinados à salvação e prosperidade do gênero humano. Tanto melhor para os que são assim!... Mas aquele que humildemente reconhece o resultado final de todas as coisas, vendo de um lado como o burguês facilmente arranja o seu pequeno jardim e dele faz um paraíso, e, de outro, como o miserável, arfando sob o seu fardo, segue o seu caminho sem revoltar-se, mas aspirando todos, do mesmo modo, enxergar ainda por um minuto a luz do sol... sim, quem isso observa à margem, permanece tranqüilo. Também este se representa a seu modo um universo que tira de si mesmo, e também é feliz porque é homem. E, assim, quaisquer que sejam os obstáculos que entravem seus passos, guarda sempre no coração o doce sentimento de que é livre e poderá, quando quiser, sair da sua prisão.

Maio,26

Você sabe como eu me aboleto em qualquer recanto onde me sinta bem, aí ergo a minha tenda e acomodo-me numa vida modesta. Também aqui encontrei um recanto que me seduz.

A uma légua, mais ou menos, da vila, há uma aldeia chamada Wahlheim[1], agradavelmente situada numa colina; subindo-se pelo atalho, de lá se descortina todo o

---

1. Poupe-se o leitor ao trabalho de procurar os lugares constantes deste livro, pois foi necessário substituir os verdadeiros nomes que se encontravam no original.

vale. Uma bondosa mulher, obsequiosa, e ainda diligente para a sua idade, tem lá um pequeno albergue onde vende cerveja, vinho e café. Dominando tudo, há duas tílias cuja galharia cobre inteiramente a pequena praça diante da igreja, contornada pelas habitações dos camponeses, granjas e quintas. Raramente tenho encontrado um recanto onde me sentisse tão bem. Mandei que do albergue me transportassem para o local uma cadeira e uma mesa, e ali tomo café lendo o meu Homero.

A primeira vez que, casualmente por uma bela tarde, me vi embaixo das tílias, a praça estava deserta. Todo mundo fora para o campo, salvo um menino de quatro anos, mais ou menos. Sentado no chão, sustentava sobre as pernas, de maneira a servir-lhe de cadeira, um bebê de seis meses. Embora permanecendo imóvel, o garoto passeava os olhos em torno, com extrema vivacidade. Jubiloso diante da cena, sentei-me sobre uma charrua que ali se achava e desenhei com o maior prazer aquela pose fraternal, juntando-lhe a sebe próxima, uma cancela de granja, algumas rodas de trole, partidas, tudo com muita realidade. Notei, ao cabo de uma hora, que tinha feito um desenho muito interessante, sem acrescentar-lhe coisa alguma por mim imaginado. Isto fortaleceu-me a convicção de cingir-me, daqui por diante, unicamente à natureza. Só ela é infinitamente rica e só ela é capaz de formar os grandes artistas. Há muito que dizer a favor das regras de arte, como a favor das leis da sociedade. Quem se forma segundo essas regras, não produzirá nunca uma obra absurda, nem completamente ruim; da mesma sorte, um homem educado segundo as leis e o decoro, jamais poderá ser um vizinho intolerável, nem um insigne bandido. Não obstante, diga-se o que disser, toda regra destrói o verdadeiro sentimento e a verdadeira expressão da natureza. Você objetará: "Isso é injusto!

A regra só indica os limites, poda as ramagens muito luxuriantes, etc." Meu amigo, quer uma comparação? Toda essas coisas são como o amor. Um jovem dá seu coração a uma mulher, passa junto dela todas as horas do dia, prodigaliza todas as suas faculdades e tudo quanto tem para lhe testemunhar que se consagra a ela inteiramente. Aparece um pedante, um homem de bom senso, e diz ao moço: "Meu caro senhor, amar é próprio do homem, mas é preciso amar como pessoa razoável. Reparti vosso tempo, consagrando uma parte ao trabalho e outra, as vossas horas vagas somente, à mulher amada. Dai um balanço em vossa fortuna: retirado daquilo que sobrar, não vos proíbo que lhe façais presentes, mas não muitos: por exemplo, quando ela realiza suas festas, por ocasião do seu aniversário, etc."

Se o nosso jovem mostrar-se obediente, tornar-se-á um sujeito recomendável e empenhar-me-ei junto de um príncipe a confiar-lhe qualquer emprego público; mas, não se procede desse modo com o amor... ou com o talento, quando se trata de um artista.

Ó meus amigos, por que é que tão raras vezes se vê a torrente do gênio altear-se em grandes ondas, avançar rugindo e perturbar as almas maravilhadas? Caros amigos, é porque os espíritos refletidos, colocados nas duas margens, temendo a devastação dos seus pavilhõezinhos, do canteiro das tulipas, das hortas, sabem evitar a tempo, por meio de diques e sangradouros, o perigo que os ameaça.

Maio, 27

Percebo que me abandonei à exaltação, às metáforas, à declamação, esquecendo-me de contar a você o fim da minha aventura com as crianças. Estive umas duas horas sentado na charrua, absorvido por uma emoção de artista que a carta de ontem só de maneira muito incompleta pôde transmitir. Ao cair da tarde, apareceu uma mulher ainda jovem, com uma cesta no braço, e dirigiu-se às crianças, que não soltaram um pio, gritando de longe: "Filipe, você é um bom menino!" Ela cumprimentou-me, eu respondi e me aproximei, perguntando-lhe se era a mãe daquelas crianças. A mulher respondeu que sim; e, depois de dar ao Filipe a metade de um pãozinho, tomou-lhe o pequerrucho, beijando-o com efusão maternal. "Entreguei o pequeno ao Filipe — disse-me ela — para ir à vila comprar pão branco, açúcar e uma panela de barro". Com efeito, eu vi tudo isso dentro da cesta, cuja cobertura havia caído. "Agora, vou fazer para o meu Joãozinho (era o pequerrucho) uma boa sopa esta noite. Imagine o senhor que o mais velho quebrou ontem a panela de barro, quando brigava com Filipe por causa do resto da papa." Perguntei-lhe onde estava o mais velho; mal havia respondido que ele corria pelo campo, atrás de uns gansos, e ei-lo que chega aos pulos, trazendo para o bebê uma varinha de nogueira. Continuei a conversar com a mulher e soube que é filha do mestre-escola e que seu marido foi à Suíça recolher a herança de um primo. "Queriam despojá-lo — disse-me ela —; não lhe respondiam as cartas, e em vista disto, ele resolveu partir. Queira Deus que não aconteça alguma desgraça! Até agora, ainda não recebi nenhuma notícia." Despedi-me, pesaroso, tendo dado um kreutzer a cada criança, outro à mãe, para que ela, quando fosse à vila, comprasse um pãozinho para a sopa do mais velho.

Asseguro-lhe, meu amigo, que quando o meu ser é como que inteiramente tomado por uma espécie de febre e não ouve mais a voz da razão, todo esse tumulto cessa diante de uma criatura como aquela, a qual, tranqüila e feliz, percorre o círculo acanhado da própria existência, terminando a sua tarefa, todos os dias, e vendo cair as folhas sem pensar noutra coisa a não ser que o inverno se aproxima.

Depois daquela tarde, vou sempre lá. As crianças já se habituaram comigo: dou-lhes açúcar, quando tomo o meu café, e à tarde reparto com elas meu pão com manteiga e a coalhada. Aos domingos, elas recebem regularmente o seu kreutzer; e, se acaso lá não me encontro na hora combinada, a hospedeira tem ordem de fazer a distribuição.

As crianças se mostram muito confiantes, contando-me mil pequenas coisas. Quando as outras crianças da aldeia se juntam em torno de nós, diverte-me imenso observar-lhes as pequenas paixões e a expressão ingênua dos seus desejos. Custei muito a convencer a mãe de que em absoluto a criançada estava incomodando o *Senhor.*

Maio, 30

O que disse, da outra vez, sobre a pintura, aplica-se também à poesia: trata-se apenas de reconhecer o que é belo e ousar expressá-lo. Não sei se condensei tudo em tão poucas palavras. Hoje, testemunhei uma cena que, fielmente transcrita, faria o mais formoso idílio do mundo. Mas, a que propósito vem isto de poesia, de cena de idílio? Para dar interesse a qualquer manifestação da natureza, serão precisos sempre enfeites e arrebiques?

Se você espera, por causa desse exórdio, qualquer coisa de sublime, engana-se redondamente: é um jovem camponês, simplesmente que me provocou tão viva simpatia.

Como de costume, enunciei mal meu pensamento e você irá acusar-me de exagero. É ainda Whalheim, sempre Whalheim, que produziu essa raridade.

Toda uma comparsaria se reuniu sob as tílias para tomar café. Como não me agradasse, arranjei um pretexto para isolar-me dela. Nisto, um campônio saído de uma casa próxima põe-se a ajustar a charrua onde me sentei para desenhar, dias antes. Como sua fisionomia me parecesse simpática, dirigi-lhe a palavra, informando-me de sua situação. Fizemos logo conhecimento e, como sempre faço com a gente da sua classe, desandamos a conversar familiarmente, sem dar por isso. Contou-me ele que trabalha para uma viúva que o trata bondosamente. De tal modo falou-me dela, tecendo-lhe mil louvores, que percebi logo haver de sua parte um devotamento de corpo e alma. "Ela já não é moça — disse-me — e, tendo sido muito infeliz com o marido, não quer mais casar-se." Sentia-se claramente, através dessas palavras, quanto ele a acha bela e sedutora, e deseja que ela o escolha para apagar a lembrança dos maus tratos sofridos com o seu primeiro esposo! Seria preciso repetir tudo isso, palavra por palavra, para dar a você uma idéia da pureza desse afeto, do amor e fidelidade desse homem. Mais: seria preciso que eu tivesse os dons de um grande poeta para pintar a você, de modo eloqüente a expressão dos seus gestos, o som harmonioso da sua voz, o fogo interior que brilhava nos seus olhos. Não! Palavra alguma pode exprimir a ternura que transparecia em seus gestos e no seu rosto; por mais que eu me esforçasse, seria sempre opaco e pesadão. Comoveu-me, sobretudo, o seu temor de que eu suspeitasse injustamente da conduta dessa mulher em relação a ele. Como era encantador ouvi-lo falar do seu rosto, de toda a sua pessoa, a qual, embora tivesse perdido a frescura da mocidade, o atraía e prendia com um fascínio irresistível! Só posso repetir tudo isso a mim mesmo, ao mais profundo da minha alma. Em toda a minha vida, nunca vi tão ardente paixão e tão alvoroçado desejo aliados a tanta pureza. Posso garantir-lhe que nem em sonhos eu me sentiria tão puro. Não me escarneça; afirmo-lhe que à só lembrança de um sentimento tão sincero e cheio de inocência, sinto-me abrasado até o mais profundo do meu ser. A imagem dessa paixão acompanha-me por toda parte e, também eu, presa do mesmo fogo, ardo e entristeço-me.

Farei tudo para ver essa mulher o mais cedo possível, ou, refletindo melhor, evitá-la-ei. Bem melhor será que eu a veja através dos olhos do seu amante, pois aos meus talvez se apresente muito diversa daquilo que se me afigura. Por que estragar uma tão bela imagem?

Junho, 16

A razão por que eu não lhe tenho escrito? E é você que me pergunta, você que se inclui entre os sábios? Pode bem adivinhar que sou feliz, e mesmo... Em duas palavras, conheci alguém que tocou o meu coração. Eu... eu não sei o que diga...

Não é fácil contar-lhe, metodicamente, as circunstâncias que me fizeram conhecer a mais adorável das criaturas. Sinto-me contente, feliz; serei, portanto, um mau narrador.

É um anjo!... Bolas! Já sei que todos dizem isso da sua amada, não é verdade? Entretanto, é-me impossível dizer a você o quanto ela é perfeita, nem por que é tão perfeita. Só isto basta: ela tomou conta de todo o meu ser.

Tanta naturalidade aliada a tão alto espírito de justiça! Tanta bondade aliada a tamanha firmeza! Uma alma tão serena e tão cheia de vida e energia!

Tudo quanto acabo de dizer não passa de pobres abstrações que não dão a menor idéia da sua individualidade. De outra vez... Não; de outra vez, não; é agora que eu quero contar a você tudo quanto acaba de acontecer. Se não contar agora, não contarei nunca mais. Porque, aqui entre nós, três vezes depois que comecei a escrever, estive a pique de descansar a pena, mandar arrear o cavalo e ir vê-la. Entretanto, eu havia jurado a mim mesmo, de não ir lá hoje, mas a cada momento vejo-me à janela olhando a que altura ainda está o sol...

Não pude resistir, tive de ir vê-la e eis-me de volta, Wilhelm. Devoro o meu pão com manteiga e escrevo ao mesmo tempo... Que maravilha para a minha alma tê-la visto em meio da algazarra das crianças, seus oito irmãozinhos!

Se continuo a escrever assim, tanto faz a você começar pelo começo como pelo fim. Ouça-me, então! Esforçar-me-ei para dar-lhe todos os pormenores.

Escrevi-lhe, há tempos, contando o meu conhecimento com o bailio S..., o que me convidou a fazer-lhe uma visita, o mais cedo possível, em seu retiro, ou melhor, no seu reinozinho. Descuidei-me dessa promessa e talvez lá não teria ido nunca, se o acaso não me tivesse revelado o tesouro que se esconde naquela solidão.

Os jovens daqui organizaram um baile no campo. Aceitei o convite que me foi feito, oferecendo-me como cavalheiro a uma jovem da vila, boa e bonita, mas insignificante quanto ao mais. Combinou-se que eu arranjasse um carro para levar à festa a minha dama e uma prima, e, de passagem, apanhássemos Carlota S...

— O senhor vai conhecer uma linda criatura — disse a minha companheira, quando nos dirigíamos, através do bosque imenso e bem cuidado, para o pavilhão de caça.

E a prima acrescentou:

— Não vá apaixonar-se.

— Por que? – respondi eu.

— Porque ela já está prometida a um belo rapaz. Ele está de viagem, a fim de regularizar os seus negócios, pois acaba de perder o pai. E também para arranjar um bom emprego.

Tudo isso deixou-me indiferente.

O sol declinava, já, sobre a montanha, quando chegamos ao portão do pátio. A atmosfera estava carregada e as damas mostraram-se receiosas, pois as nuvens cinzentas que se iam amontoando no horizonte pareciam anunciar tempestade. Acalmei-lhes a inquietação, tomando um ar de entendido para predizer o bom tempo; contudo, eu mesmo começava a pressentir que a nossa festa ia ser estragada.

Eu havia apeado quando apareceu uma criada para pedir-nos que esperasse um pouco, pois "a senhorita Carlota" não tardaria. Atravessei o pátio que conduz a uma bela casa e, ao pisar a soleira, deparei com um dos quadros mais encantadores jamais visto em minha vida. No vestíbulo, seis crianças, de dois a quinze anos, se alvoroçavam em torno de uma jovem bem proporcionada, de talhe médio, metida num singelo vestido branco adornado de nós cor de rosa nas mangas e no corpete. Ela cortava um pão preto em fatias circulares, entregando-as alegremente a cada criança, de acordo com a sua idade e apetite! Depois de haver estendido por muito tempo a mãozinha para receber o seu bocado, uma vez satisfeita, cada criança gritava: "Muito obrigado!" Retirando-se, em seguida, com o seu quinhão, umas pulando, outras sossegadamente, todas se dirigiam para a porta para ver os recém-vindos e o carro que ia conduzir sua irmã Carlota.

— Perdoe-me — disse ela — pelo trabalho de vir até aqui e fazer esperar as damas. Por causa da minha toalete e diversas ordens a dar na casa, antes de sair, ia esquecendo-me da merenda das crianças, pois elas não admitem que outra pessoa lhes corte o pão.

Cumprimentei-a timidamente; minha alma estava inteiramente presa do encanto do seu rosto, da sua voz, das suas maneiras. Tive apenas tempo de recobrar-me da surpresa, enquanto corria para ir buscar as luvas e o leque. As crianças se conservavam à distância, olhando-me de viés; avancei para o caçula, cuja fisionomia irradiava contentamento, e ele recuou. Nesse instante, Carlota apareceu e disse ao pequerrucho: "Luiz, dá a mão ao nosso primo!" O pequeno obedeceu candidamente e eu não me contive que não o beijasse com grande ternura, apesar do seu narizinho lambuzado.

— Primo? — disse eu a Carlota, estendendo-lhe a mão. Considera-me digno de pertencer à sua família?

— Oh! — respondeu ela, com um sorriso brejeiro — Nós temos muitos primos afastados, e seria para mim um grande desgosto ter de admitir que o senhor é o pior deles.

Antes de retirar-se, Carlota recomendou a Sofia, a mais velha das meninas, de quinze anos mais ou menos, que vigiasse as crianças e desse boa-noite ao pai, de sua parte, quando ele voltasse do passeio a cavalo. Recomendou às crianças que obedecessem a Sofia como a ela própria. Muitos prometeram prontamente, mas uma lourinha, de cinco a seis anos, disse com um ar compenetrado: "Mas Sofia não é você, Lolote; nós gostamos mais de você."

Os meninos mais taludos treparam no carro e eu tive de interceder por eles, obtendo de Carlota consentimento para que nos acompanhassem até à entrada da floresta, com a condição de se comportarem direitinhos.

Mal nos instalamos, e as damas ainda não haviam acabado de trocar cumprimentos e impressões sobre as toaletes, principalmente sobre os chapéus, bem como criticar, segundo a praxe, todas as pessoas convidadas, quando Carlota pediu ao cocheiro que parasse e mandou descer os irmãos. Estes, ainda uma vez lhe beijaram a mão, sendo que o mais velho o fez com toda a ternura de que se é capaz aos onze anos; o segundo com uma vivacidade garota. Ela pediu-lhes, ainda uma vez, todo o cuidado para com os pequerruchos, e seguimos viagem.

A prima perguntou a Carlota se já tinha terminado a leitura do livro que lhe enviara recentemente. "Não respondeu ela —; esse livro não me agrada e vou devolvê-lo. O anterior também não me agradou". Perguntei-lhe que livros eram e a resposta encheu-me de espanto...[1] Achei original tudo quanto ela disse, vendo em cada palavra novos encantos novos raios de inteligência iluminar sua fisionomia, que transbordava de contentamento à medida que ela se sentia compreendida por mim.

— Quando eu era mais jovem – disse-me ela – nada me fascinava tanto como os romances. Só Deus sabe quanto eu me sentia feliz, aos domingos, recolhendo-me a um cantinho para participar, de todo o coração, da felicidade ou do infortúnio de qualquer miss Jenny. Não nego que esse gênero de leitura ainda encerra algum encanto para mim; acontece, porém, que são tão raras às vezes em que posso agora abrir um livro, que me tornei mais exigente na escolha. O autor que eu prefiro é aquele onde eu encontro meu mundo costumeiro e os incidentes comuns no meu círculo de relações, de sorte que sua narrativa me inspire um interesse tão cordial como o que acho na minha vida doméstica, a qual, embora não seja um paraíso, me oferece uma fonte de felicidade inexprimível.

Esforcei-me, debalde, por abafar a emoção que essas palavras me produziram. Quando ela se referiu, de

---

1. Somos obrigados a suprimir uma passagem desta carta, para não dar a ninguém motivo de aborrecimento, conquanto autor algum possa ligar importância à opinião de uma jovem e de um rapaz, cujo espírito ainda não se fixou.

passagem, ao *Vigário de Wakefield*, de... [1], com tanta verdade, não me contive e disse-lhe tudo quanto a respeito eu pensava. Só ao cabo de algum tempo, ao dirigir-se Carlota, novamente, às outras duas damas, percebi que ambas, arregalando muito os olhos, tinham estado até ali inteiramente alheias à nossa conversa. A prima olhou-me por mais de uma vez com um ar de troça, mas não liguei importância.

A conversa recaiu sobre o prazer da dança.

— Se essa paixão é um crime — disse Carlota não posso ocultá-lo; para mim não há nada melhor do que a dança. Se alguma coisa perturba a minha cabeça, é só sentar-me ao meu cravo desafinado e martelar uma contradança, e está tudo acabado!

Enquanto ela falava, como eu me deleitei em fitar os seus olhos negros! Como toda a minha alma era atraída pelos seus lábios cheios de vida, suas faces frescas e animadas! Quantas vezes, absorvido em minha admiração pelo sentido das suas frases, sequer cheguei a ouvir as palavras de que ela se servia! Você, que me conhece, pode imaginar tudo isso. Desci do carro como que dentro de um sonho, ao chegar à casa onde ia realizar-se o baile. Estava de tal modo perdido na minha vertigem, sob o crepúsculo que envolvia o campo, que mal percebi os sons musicais que chegavam até nós, vindos do salão fartamente iluminado.

Os dois senhores Audran e um tal N. N. (como lembrar todos esses nomes?), cavalheiros de Carlota e da prima, vieram receber-nos no portão; eles tomaram as damas pelo braço e eu também conduzi a minha.

---

1. Aqui, também, suprimimos o nome de vários escritores do nosso país. Se alguns daqueles a quem são endereçados os elogios de Carlota chegarem a ler esta passagem, serão com certeza advertidos pelo próprio coração. Quanto aos demais, nada têm a ver com isso.

Dançamos vários minuetos. Convidei algumas damas, uma após outra, e foram precisamente as menos agradáveis que não me quiseram dar a mão para finalizar. Carlota e seu par começaram uma inglesa; você pode calcular o meu júbilo quando chegou a minha vez com ela. É preciso vê-la dançar com todo o coração e com toda a alma! Há um tal harmonia na sua pessoa, parece tão alheia a todas as preocupações! Dir-se-ia que a dança existe somente para ela e que ela, nesse momento, a seus olhos tudo o mais é como se não existisse.

Convidei-a para a segunda contradança e ela me concedeu a terceira. Com a mais delicada franqueza, declarou-me que gosta imensamente de dançar a alemã.

— Aqui é de uso — prosseguiu — os pares comprometidos por todo o baile não se separarem na alemã; meu par valsa tão mal que, com certeza, há-de agradecer-me que lhe poupe esse sacrifício. A sua dama também não dança melhor a valsa, ao passo que o senhor dança muito bem, conforme eu vi durante a inglesa. Se quiser que dancemos juntos a alemã, peça licença ao meu cavalheiro, que eu farei o mesmo à sua dama.

Aceitei imediatamente a proposta e divertimo-nos durante algum tempo fazendo várias evoluções. Quanta graça e quanta agilidade nos seus movimentos! No começo, flutuamos como as esferas celestiais umas em redor da outras, tendo havido certa confusão, porque os bons valsadores são raros. Prudentemente deixamos que eles desistissem e, quando os mais desajeitados abandonaram a praça, nós a ocupamos até o fim, e conosco um outro par: Audran e sua dama. Nunca me senti tão leve. Ter nos braços a mais encantadora das criaturas, turbilhonar com a rapidez do raio até que tudo se desvanecesse em torno de nós e que... Mas, Wilhelm, para falar francamente, jurei a mim mesmo que, se amasse uma jovem e tivesse qualquer direito sobre ela, preferia fazer-me matar a consentir que ela valsasse com outro, você me entende.

Caminhamos pela sala, dando várias voltas para tomar fôlego; em seguida, ela sentou-se, e as laranjas que reservei (as únicas restantes), ela as saboreou com grande prazer. Apenas, cada vez que ela era obrigada a dar um gomo a qualquer amiga, eu sentia uma punhalada no coração!

Na terceira inglesa, éramos o segundo par. Como executássemos alguns passos, seguindo a fila, e eu estivesse visivelmente suspenso (só Deus sabe com que encantamento!) dos seus braços, dos seus olhos, que irradiavam o mais puro e o mais sincero prazer, passamos diante de uma senhora que, dada a expressão do seu rosto, devia ter dobrado, já, a curva da primeira mocidade. Ao passar por nós, ela sorriu para Carlota e, ameaçando-a com o dedo, pronunciou duas vezes, intencionalmente, o nome de Alberto.

— Se não é indiscrição, quem é esse Alberto? perguntei a Carlota.

Ela ia responder-me, mas interrompeu-se porque devíamos nos separar a fim de formarmos a fileira de oito. Quando nos cruzamos, pareceu-me ver na sua fronte uma expressão pensativa.

— Por que ocultar-lhe? — disse-me ela, dando-me a mão para fazer a "promenade"; — Alberto, um belo rapaz, é meu noivo faz pouco tempo.

Isso não era uma novidade para mim, pois,durante o trajeto, as outras moças me tinham dito; e, no entanto, pareceu-me uma revelação, porque eu não tinha ainda ligado essa idéia à outra que se me tornou, em poucos momentos, tão cara. De repente, perturbei-me, perdi a cabeça, troquei tudo e lancei a confusão na dança, de sorte que foi preciso a presença de espírito de Carlota, a qual, fazendo um grande esforço, fez que eu entrasse na ordem e a restabeleceu imediatamente.

Antes de findar a dança, os relâmpagos, que vimos por muito tempo iluminar o horizonte, mas que se havia atribuído à calmaria, tornaram-se mais freqüentes e o estrondo dos trovões abafou a música. Três damas abandonaram precipitadamente os seus lugares, seguidas pelo cavalheiros, a desordem generalizou-se e a música parou. É natural que toda calamidade, todas as aflições que nos surpreendam em meio do prazer, façam em nós uma impressão mais forte do em qualquer outro momento, não só porque sentimos mais fortemente o contraste, como porque os nossos sentidos, já despertados à emoção, ficam muito mais impressionáveis. Foi por isso que a fisionomia das damas tomou uma expressão estranha. A mais razoável sentou-se a um canto, de costas para a janela, tapando os ouvidos. Outra, ajoelhou-se diante desta última, escondendo a cabeça nos seus joelhos. Uma terceira, agarrando-se às suas duas irmãs, pôs-se a chorar copiosamente e a beijá-las. Algumas queriam porque queriam voltar para casa; outras, mais assustadas ainda, sequer tiveram a necessária presença de espírito para defender-se de alguns jovens audaciosos, que pareciam empenhados em recolher dos próprios lábios daquelas criaturas cheias de desespero, as preces que, na sua aflição, endereçavam ao céu. Muitos cavalheiros tinham descido para fumar tranqüilamente o seu cachimbo; os restantes aceitaram a oferta da dona da casa, que teve a excelente idéia de nos indicar um compartimento onde havia janelas bem fechadas e cortinas.

Quando aí penetramos, Carlota estava ocupada em arranjar as cadeiras em círculo, pedindo a todos que se sentassem.

Vi mais de um, na esperança de uma doce penitência, tomar uma posição cômoda.

— Nós vamos fazer o jogo da conta — advertiu Carlota. — Atenção! Vou começar da direita para a esquerda, você contarão um depois do outro, somando cada qual o número dado pelo vizinho, mais ou menos como se faz na corrida da tocha, em que ela passa de mão em mão. Aquele que se enganar, receberá um tabefe; e iremos continuando assim até chegar a mil.

Começou então uma cena muito divertida. Ela percorria o círculo, com o braço estendido. O primeiro disse um; seu vizinho, dois; o seguinte, três, e assim sucessivamente. Ela foi acelerando, cada vez mais, a pergunta, de sorte que um dòs parceiros deixou passar a sua vez e recebeu, pá!, um tabefe. O parceiro seguinte, presa de um ataque de riso, deixou escapar a vez e recebeu, por seu turno, pá!, outro tabefe. E foi sempre assim, aumentando de velocidade. Eu recebi, de minha parte, duas bofetadas; notei, com grande satisfação, que eram mais fortes do que aquelas que ela dera nos outros. Os risos e um estrondo generalizado, puseram termo ao jogo, antes que se chegasse a mil. Formaram-se pequenos grupos isolados. A tormenta passara; acompanhei Carlota até o salão. De caminho, ela me disse:

— Os tabefes fizeram você esquecer a tempestade e o resto.

Não pude responder coisa alguma. Ela prosseguiu:

— Eu era uma das mais medrosas; mas tomei coragem fingindo coragem, para animar os outros.

Aproximamo-nos da janela. Os trovões continuavam, mas cada vez mais distantes, e uma chuva deliciosa começou a cair, fazendo um agradável ruído; subiam até nós bafagens de ar tépido e carregado de um cheiro vivificante. Ela estava apoiada sobre o cotovelo, olhando a campanha; ergueu o olhar para o céu e em seguida. para mim. Notei que seus olhos estavam banhados de lágrimas. Ela colocou a mão sobre a minha e exclamou: "Ó Klopstock!" Lembrei-me imediatamente da ode magnífica em que Carlota pensava, e abandonei-me às emoções que aquela só palavra despertou em mim. Sem poder conter-me, curvei-me sobre a sua mão, cobrindo-a de beijos e de lágrimas; depois, meus olhos procuraram novamente os dela... Ó nobre poeta! E dizer que não vistes a vossa apoteose naquele olhar! Que eu não ouça, nunca mais, pronunciar o vosso nome tantas vezes profanado!

Junho, 19

Não sei mais em que ponto fiquei na última carta; mas sei perfeitamente que eram duas horas quando fui dormir e que, se pudesse conversar, em vez de lhe escrever, você ficaria acordado até o romper da manhã.

Nada contei sobre o que nos aconteceu, de volta do baile, e hoje ainda não tenho tempo de fazê-lo.

Que esplêndido romper de sol! Toda a floresta escorria água. os campos intermináveis tinham sido refrescados! Todos os companheiros tinham adormecido. Carlota perguntou-me se eu não queria fazer o mesmo, dizendo-me que não me constrangesse por causa dela.

Assim, viajamos em excelentes disposições até à sua porta. A criada veio abri-la muito cautelosamente e respondeu a todas as perguntas de Carlota, informando que seu pai e as crianças estavam bem e dormiam ainda. Deixei-a, então, pedindo que me permitisse ir vê-la naquele mesmo dia. Ela consentiu e eu voltei lá. A partir desse momento, o sol, a lua e as estrelas podem continuar a brilhar, sem que eu dê por isso. Não sei mais se faz dia ou noite; o universo inteiro não mais existe para mim.

Junho, 21

Meus dias de felicidade são como os que Deus reserva aos seus santos. Qualquer que seja a sorte que me espera, não poderei dizer que não fruí as alegrias mais puras desta vida.

Você conhece a minha Wahlheim. Instalei-me lá, à meia hora da casa de Carlota, desfrutando, no mais íntimo de mim mesmo, toda a ventura que é dado ao homem desfrutar.

Escolhendo Wahlheim como termo das minhas caminhadas, quão longe estava eu de acreditar que estivesse tão próximo do céu! Quantas vezes, ao levar um pouco além as minhas excursões, divisei, não só do cimo da montanha como da planície que se estende para lá do rio, aquele pavilhão de caça onde neste momento se concentram todos os meus votos!

Meu caro Wilhelm, arquitetei toda sorte de reflexões a respeito do desejo que o homem sente de dilatar o seu horizonte, fazendo novas descobertas, errando à aventura, e, além disso, a respeito do sentimento que o leva a acomodar-se numa existência limitada, e a caminhar com os antolhos do hábito, sem preocupar-se com o que se acha à direita ou à esquerda.

Quando aqui cheguei, e do alto da colina pus-me a contemplar esse lindo vale, senti-me atraído de um modo estranho por todo esse vasto horizonte.

"Ah! se eu pudesse mergulhar nas sombras daquele pequeno bosque, lá longe!... Ah! se eu pudesse galgar o pico daquela montanha distante e de lá abarcar a região inteira! Não poder errar por aquelas colinas que se ligam umas às outras, e pelos vales cheios de sombra pensativa! E percorria-os, regressando sem haver encontrado aquilo que esperava.

A distância, naquelas paragens, parece-se com o futuro. Um todo imenso, e como que envolvido por uma neblina, estende-se diante da nossa alma; nosso coração aí mergulha e se perde, da mesma forma que os nossos olhos, e ardentemente aspiramos a nos abandonarmos por completo, deixando-nos impregnar de um sentimento único, sublime, delicioso... Mas, ai de nós, quando lá chegamos, vemos que nada mudou: encontramo-nos tão pobres, tão mesquinhos como antes, e nossa alma sequiosa suspira pela água refrescante que lhe fugiu.

E é assim que o homem de índole mais inquieta e erradia, acaba por aspirar ao retorno à sua pátria, encontrando em sua cabana, no regaço da esposa, entre os filhos, e no trabalho para sustentá-los, a felicidade que em vão procurou na terra inteira.

Ao romper da alva, eis-me na minha Wahlheim; eu mesmo faço a colheita de ervilhas na horta do albergue e sento-me para debulhá-las, enquanto leio o meu Homero. Depois, vou escolher uma panela na pequena cozinha, deito-lhe a manteiga, ponho dentro as ervilhas e fico a remexê-las de vez em quando. Assim, represento-me bem ao vivo o modo como os ousados pretendentes de Penélope matavam, reduziam a postas e assavam, eles próprios, os bois e os porcos. Nada desperta em mim uma tão tranqüila e sincera emoção como esses vestígios da vida patriarcal que, sem pedantismo, graças a Deus, consigo misturar à minha existência rotineira.

Junho, 29

Anteontem, o médico da vila, tendo chegado para ver o bailio, encontrou-me estendido no soalho, brincando com os irmãozinhos de Carlota, uns passeando de gatinhas em cima de mim, outros provocando-me e eu fazendo-lhes cócegas, tudo em meio de um grande barulho. Homem dogmático, rígido como um boneco de mola, sempre a arranjar as pregas dos punhos e estufar um imenso bofe de rendas, o doutor achou (notei isso porque ele torceu o nariz) a minha conduta incompatível com a dignidade de um homem razoável. De modo algum isso me perturbou; deixei que discorresse muito judiciosamente a respeito de vários assuntos, ocupando-me em reerguer o castelo de cartas que os garotos haviam derrubado. Por isso, ao fazer o seu giro pela vila, deplorou ele que Werther estivesse acabando de estragar as crianças do bailio, já suficientemente mal educadas.

Sim, meu caro Wilhelm, não há nada no mundo que me interesse tanto como as crianças. Quando as observo noto nesses pequenos seres o germe de todas as virtudes de todas as faculdades que um dia lhes serão tão necessárias: na sua teimosia entrevejo a futura constância e firmeza de caráter; nas suas garotices o bom humor que lhes fará vencer facilmente os perigos deste mundo. E tudo isso de modo tão puro, tão incontaminado! Sempre e sempre eu evoco estas palavras de ouro do Mestre da humanidade: "Se não vos tornardes como estes!..." Pois bem, meu amigo, as crianças que são nossos iguais, que deveríamos tomar por modelos, nós as tratamos como nossos escravos! Queremos que elas não tenham vontade! E nós não a temos? Sobre que se apóiam os nossos privilégios? No fato, apenas, de sermos mais velhos e mais experientes?... Ó Grande Deus, das alturas do céu, só vedes velhas crianças e crianças jovens, nada mais; e, faz muito tempo, vosso Filho nos fez saber quais daqueles vos são mais agradáveis. Mas os homens, embora creiam em Deus, (e isto não é nenhuma novidade) não o escutam e continuam a fazer a criança à sua própria imagem, e... Adeus, Wilhelm, não desejo delirar mais do que já delirei.

Julho, 1

O que Carlota deve ser para um enfermo, sente-o meu pobre coração, muito mais enfermo do que aqueles que perecem sobre um leito de dor.

Ela vai passar alguns dias na vila, em casa de uma boa mulher que se aproxima do seu fim, ao que dizem os médicos, e deseja tê-la junto de si nos últimos momentos. Na semana passada, fui com ela ver o pastor de St..., pequena aldeia situada em lugar desviado, na montanha, a uma légua daqui. Chegamos lá às quatro horas. Carlota levou consigo a menorzinha das irmãs. Quando penetramos no pátio do presbitério, ensombrado de enormes nogueiras, a bondoso velhote estava sentado num banca de pedra, em frente da porta. Ao perceber a presença de Carlota, pareceu reviver e quis levantar-se para ir ao seu encontro, esquecendo-se do seu bastão nodoso. Ela correu para ele, obrigou-o a sentar-se de novo, tomou um lugar a seu lado, fazendo-lhe mil recomendações da parte da pai, e pôs-se a acariciar o filho mais novo do pastor, um fedelho todo lambuzado, o Benjamim da sua velhice. Se você a visse tratar o pobre ancião, erguer o tom de voz para que ele ouvisse melhor, falar-lhe de gente moça e robusta morta de repente, gabar as águas de Carlsbad e aprovar o projeto do velho, de lá ir no próximo verão; enfim, dizer que ele tinha agora melhor fisionomia e melhor aspecto do que na última visita!... Durante esse tempo, eu apresentava meus respeitos à esposa do pastor. Como eu admirasse francamente as belas nogueiras que nos forneciam uma sombra tão agradável, o velho, cheio de animação, pôs-se a nos contar a sua história, embora arrastasse um pouco a língua com dificuldade. "Quanto à mais velha, — disse-nos — não sabemos quem a plantou; afirmam uns que foi tal pastor, outros que foi tal outro. Aquela lá, mais nova, tem a idade da minha mulher; vai fazer cinqüenta anos em outubro. Seu pai plantou-a pela manhã e minha mulher nasceu na tarde do mesmo dia. Meu sogro me precedeu nesta paróquia; ele queria muito a estas árvores, e decerto elas não são para mim menos caras. Minha mulher estava tricotando à sua sombra, sentada num barrote, quando eu, estudante pobre, entrei pela primeira vez neste pátio, há vinte e sete anos".

Carlota perguntou-lhe notícias da filha; soube que ela tinha ido com o sr. Schmidt ver os trabalhadores no campo. E o velho, retomando a sua narração, contou-nos como o seu predecessor e a filha se haviam tomado de estima por ele; como se tornara pastor-adjunto, depois seu sucessor.

Mal havia terminado a história, vimos chegar pelo jardim a filha do pastor, acompanhada do tal sr. Schmidt. Ela fez a Carlota um caloroso acolhimento e devo dizer que essa criatura não me desagradou. É uma morena esperta e bem proporcionada; durante esses momentos de campo, a sua camaradagem agradou-me bastante. Seu apaixonado (porque os modos do sr. Schmidt me denunciaram imediatamente) é um homem bem educado, mas taciturno; não quis participar da conversação, apesar dos esforços reiterados de Carlota. Deplorei isso, sobretudo quando percebi, pelo seu jogo fisionômico, que ele é pouco comunicativo, mais por esquisitice e mau humor do que por mediocridade de espírito. E isto, infelizmente, se patenteou logo. Fomos dar um giro e, como Frederica se juntasse a Carlota e, pouco depois, caminhasse também a meu lado, o rosto, já de seu natural, amorenado, do rapaz, ficou ainda mais visivelmente carregado, a tal ponto que Carlota foi obrigada a puxar-me a manga para avisar-me que eu estava sendo demasiado galanteador para com Frederica. Ora, nada me aborrece mais do que ver as pessoas se atormentarem, umas às outras; e sobretudo os jovens, em plena primavera da vida, quando o coração podia desabrochar a todas as alegrias, estragarem reciprocamente, os seus melhores dias, para reconhecerem mais tarde que esbanjaram bens que nunca mais serão recuperados. Senti um vivo desgosto, e quando, ao entardecer, retornamos ao pátio do presbitério para merendar, e a conversação incidiu sobre as alegrias e as tristezas do mundo, não me contive e aproveitei a ocasião para dizer tudo quanto transbordava dentro de mim contra o mau humor:

— Nós lamentamos com freqüência que haja tão poucos dias felizes e tantos dias infelizes; e isto, ao que me parece, é um erro. Se nosso coração estivesse sempre disposto a fruir, sem idéias preconcebidas, os bens que Deus nos dispensa cada dia, teríamos também força para suportar os maus dias, quando eles nos chegam.

A mulher do pastor interveio:

— Mas nós não somos donos da nossa disposição moral, que depende tanto da disposição do corpo! Quando a gente sofre, não se encontra bem em parte alguma.

Concordei e prossegui:

— Se é assim, consideremos o mau humor como uma doença e perguntemos se não há remédio para essa doença.

Carlota acrescentou:

— Muito bem! Creio, pelo menos, que a gente pode fazer muito a esse respeito. Sei por experiência própria: quando alguma coisa me contraria e fico com vontade de aborrecer-me, ergo-me imediatamente e caminho de um lado para outro do jardim, cantando qualquer compasso de dança; e tudo passa logo.

Retomei a palavra:

— Pois é o que eu queria dizer; o mau humor é uma espécie de preguiça, absolutamente como a própria preguiça. Somos muito inclinados à preguiça; entretanto, basta que tenhamos coragem de fazer um grande esforço, o trabalho caminha logo facilmente e encontramos na ação um verdadeiro prazer.

Frederica ouvia atentamente. O rapaz objetou-me que a gente não se pode dominar, nem muito menos dirigir os próprios sentimentos.

Aproveitei o momento para dizer-lhe:

— Trata-se de sentimentos desagradáveis, com certeza, dos quais qualquer pessoa pode facilmente desembaraçar-se, porque ninguém sabe até onde vai suas forças, uma vez que ainda não as submeteu à prova. Um enfermo que deseja ardentemente recuperar a saúde consulta todos os médicos, um após outro, não repudiando toda sorte de privações e as drogas mais intragáveis.

Notei que o circunspeto ancião tinha os ouvidos alerta para tomar parte na conversa; a ele me dirigi diretamente, elevando o tom de voz:

— Prega-se contra tantos vícios, e no entanto, que eu saiba, nenhum pregador tomou como tema o mau humor.[1]

— Isso é para os pregadores das cidades — respondeu-me ele —, os campônios não conhecem o mau humor. Não obstante, isso pode ser útil neste momento, quando menos para dar uma lição à esposa do pastor e ao senhor bailio.

Todos desataram a rir, e o pastor também riu com todas as forças até ser acometido de um acesso de tosse que interrompeu por, algum tempo a nossa palestra. Em seguida, o rapaz tomou a palavra para dizer:

---

1. Possuímos agora um excelente sermão sobre esse tema, que pode ser encontrado entre os de Laváter, tratando do livro de Jonas.

— Vocês acham que o mau humor é um vício; parece-me um tanto exagerado.

— Absolutamente — repliquei —; pois é justo que se dê esse nome a uma coisa que nos torna nocivos a nós próprios e ao próximo. Não basta a impossibilidade de uma criatura ser feliz? E ainda é preciso estragar o prazer que outros podem achar em si mesmos? Aponte-me um homem que, estando de mau humor, tenha a coragem de ocultá-lo, de sofrer sozinho, sem perturbar a alegria dos que o cercam? Mas, o mau humor não seria antes uma irritação íntima devida aos sentimento da nossa própria insuficiência, um descontentamento em relação a nós mesmos, ao qual se junta sempre a inveja espicaçando uma vaidade idiota? Quando vemos algumas pessoas felizes, sem que para isso tenhamos concorrido, essa felicidade nos é insuportável.

Vendo com que emoção eu falava, Carlota olhou-me e sorriu. Uma lágrima que eu percebi nos olhos de Frederica animou-me a prosseguir:

— Infeliz daquele que usa do seu poder sobre um coração para abafar as ingênuas alegrias que nele nascem espontaneamente! Todas as dádivas, todas as gentilezas deste mundo não compensam um só dos instantes em que possamos ser felizes por nós mesmos, se esses instántes forem envenenados pelo despeito de um tirano ciumento.

Meu coração transbordou naquele momento, tantas eram as lembranças do passado que me oprimiam a alma, de sorte que as lágrimas me vieram aos olhos:

— Ah! se disséssemos a nós mesmos, cada dia: "Tu só podes fazer uma coisa àqueles a quem amas: deixar-lhes as alegrias que possuem e aumentar a sua felicidade participando dessas mesmas alegrias! Pudesses tu proporcionar uma só gota de bálsamo à alma torturada pela paixão, roída pela tristeza no mais íntimo de si mesma, quando a enfermidade sem esperança abater com os seus terrores aquela a quem minaste a vida ainda florescente; quando a vires exausta, os olhos sem brilho voltados para o céu, o suor da morte manando da sua fronte lívida; quando estiveres de pé diante desse leito, como um condenado, certo de que tudo quanto fizeres é inútil; quando, com o coração mordido pela angústia, quiseres tudo sacrificar para dar a essa criatura agonizante uma parcela de conforto, uma centelha de coragem!..."

Como, ao pronunciar essas palavras, a lembrança de uma cena semelhante, à qual assisti, me assaltasse fortemente, levei o lenço aos olhos e afastei-me. Só dei acordo de mim quando ouvi a voz de Carlota chamando-me para nos irmos embora. Na volta, ela me censurou o interesse apaixonado que tomo por todas as coisas e que acabará — disse — por me consumir! Quantas recomendações me fez para que cuide de mim! Anjo, por tua causa é preciso que eu viva!

Julho, 6

Ela continua, junto da amiga agonizante, sempre a mesma criatura cheia de presença de espírito, de graça amorável, adoçando o sofrimento e criando a felicidade em toda parte onde pousa os olhos. Ontem, à tarde, ela foi passear em companhia de Mariana e da pequena Amélia. Eu estava avisado e fui ao encontro delas. Depois de caminhar uma hora e meia, regressamos à vila e passamos pela fonte que me era tão cara e agora mil vezes mais. Carlota sentou-se sobre a pequena muralha; ficamos de pé em frente dela. Lancei os olhos em torno e revi o tempo em que vivia completamente só.

— Fonte querida, — disse eu – há quanto tempo não repouso junto da tua corrente fresca; por mais de uma vez, mesmo, passei sem te olhar!

Olhando lá embaixo, vi que Amélia subia com um ar muito atarefado, conduzindo um copo d´água... Contemplei Carlota e senti tudo que ela é para mim. Neste meio tempo, Amélia chegava com o seu copo e Mariana quis agarrá-lo.

— Não! — gritou a criança,'com a mais encantadora expressão — Não! É você, Lolote, quem vai beber primeiro!

Arrebatado pelo acento de sinceridade e bondade que ela transmitiu a essas palavras, só soube exprimir o que senti erguendo-a do chão e beijando-a freneticamente. Ela desandou a gritar e a chorar.

— Você fez mal — disse-me Carlota. Fiquei interdito.

E, tomando a pequena pela mão e fazendo-a descer a escada, Carlota continuou:

— Venha, Lilí; venha lavar-se nesta água fresca. Depressa, vamos, que isso não é nada.

Fiquei a olhar a pequerrucha, que esfregava as bochechinhas, com uma fé absoluta na maravilhosa virtude da fonte para apagar toda e qualquer mancha e preservá-la da vergonha de ver nascer uma horrenda barba! Carlota achou bom dizer: "Chega!" Mas, a garota continuava lavando-se e redobrando de cuidado, persuadida de que a quantidade valia mais do que a qualidade... Afirmo-lhe, meu caro Wilhelm, que nunca assisti com tanto respeito a um batismo! E quando Carlota subiu, tive vontade de prosternar-me diante dela como diante de um profeta que acabasse de fazer uma propiciação pelos pecados de todo um povo.

À noite, com o coração cheio de contentamento, não pude deixar de contar o caso a um homem que eu cria (sabendo-o inteligente) capaz de apreciar esses traços de humana ingenuidade. Não há dúvida que fui muito bem sucedido! Ele começou por dizer que Carlota cometeu um erro, pois não se deve enganar as crianças; que as histórias dessa espécie dão lugar a uma infinidade de superstições contra as quais a gente deve pô-las de sobreaviso... Lembrei-me que esse homem, oito dias antes fez batizar um dos filhos. Pus de lado, pois, as suas opiniões e permaneço fiel a esta verdade: Devemos proceder com as crianças como Deus procede conosco: nunca nos faz tão feliz como quando nos deixa ir ao acaso, na doce embriaguez de um engano.

Julho, 8

Como somos crianças! Como somos ávidos de um olhar! Ah! como a gente é criança!... Tínhamos ido a Wahlheim, os cavalheiros a pé, as damas de carro. Durante a jornada, creio ter visto nos olhos negros de Carlota... Perdoe-me, que eu estou louco, mas eu queria que você visse aqueles olhos! Vamos, (porque os meus estão pesados de sono) imagine que quando elas subiram, permanecemos todos de pé, em torno do carro, o jovem W..., Selstadt, Audran e eu. Elas conversavam através da portinhola com esses mocinhos que, a dizer verdade, se mostravam muito frívolos e volúveis. Eu buscava os olhos de Carlota, mas, ai de mim, eles iam de um lado para outro, sem pousar em mim, que ali estava sem outro pensamento que não fosse para ela! Meu coração mil vezes lhe repetia adeus, e ela não me via!...

O carro partiu e uma lágrima rolou nos meus olhos. Segui-o com o olhar, vi a cabeleira de Carlota precipitar-se fora da portinhola, vi que ela se voltava para olhar... Seria para mim? Meu caro Wilhelm, flutuo nesta incerteza e a consolação única é dizer a mim mesmo: "Talvez ela se tenha voltado para me olhar!" Talvez!...

Boa noite! Ah! como eu sou criança!

Julho, 10

A triste figura que eu faço quando se fala dela numa roda! Você precisava ver-me! E, melhor, quando me perguntam se ela me agrada!... Agradar! Tenho por esta palavra um ódio mortal! Pode chamar-se homem aquele a quem Carlota não agradar, e cujos sentidos, cujo coração não forem logo dominados por ela? Agradar! Alguém perguntou-me outro dia se Ossian me agradava!

Julho, 11

A senhora M... está muito mal; rezo pela sua vida, porque sofro com Carlota. Vejo-a, mas muito raramente, em casa de uma amiga. Hoje, ela contou-me um fato estranho. O velho M... é um homem, incrível, de uma avareza sórdida, tendo tornado a vida terrivelmente dura para a sua esposa, recusando-lhe o necessário. Apesar disto, ela sempre achou meios de prover a tudo. Há dias, quando o médico a desenganou, ela mandou chamar o marido, em presença de Carlota, e disse-lhe: "É preciso que confesse a você uma coisa que poderá, depois da minha morte, causar embaraços e aborrecimentos. Até aqui, governei a casa com a ordem e economia que me foram possíveis; mas há-de me perdoar por tê-lo enganado durante trinta anos. No começo do nosso casamento, você fixou uma soma muito módica para todas as despesas. Quando nosso trem de vida aumentou, pois as nossas relações se multiplicaram, não me foi possível convencer a você aumentar, na mesma proporção, o que continuou a entregar-me todas as semanas: numa palavra, você sabe que exigiu de mim que fizesse face às despesas, já consideráveis, com sete florins por semana. Eu os recebia sem reclamar; cada semana, porém, eu mesma retirava o excesso para cobrir a receita, porque ninguém ia suspeitar que sua mulher fosse capaz de roubar a sua própria caixa. Não esbanjei coisa alguma. Podia entrar, confiante, na eternidade sem haver contado a você esse fato, mas aquela que me deverá substituir talvez não se saia bem e você é capaz de teimar que a sua primeira mulher se arranjou sempre, perfeitamente, com essa soma".

Conversamos, eu e Carlota, a respeito da incrível cegueira do espírito humano, fazendo com que um homem nada suspeite vendo sete florins bastar para cobrir despesas que evidentemente, montam ao dobro. Mas, eu mesmo conheço muita gente que admitiria, sem espanto, a renovação, em sua própria casa, do milagre do inesgotável pote de azeite do profeta.

Julho, 13

Não, eu não me engano! Li nos seus olhos negros um verdadeiro interesse por mim e pela minha sorte. Sim, eu sinto que meu coração pode crer que ela... Ousarei, poderei pronunciar estas palavras que resumem o paraíso... Eu sinto que ela me ama!

Ela me ama! E quanto eu me valorizo a meus próprios olhos, quanto... eu posso dizer isto a você, que saberá compreender-me... quanto eu me adoro a mim mesmo, depois que ela me ama!

— Será presunção? Será o sentimento do meu verdadeiro estado?... Não conheço homem nenhum de quem possa temer qualquer interferência capaz de diminuir-me no coração de Carlota. E, no entanto, quando ela, com tanto calor e afeto, fala do seu noivo... é como se eu fosse um homem, despojado de todas as honrarias e dignidades, e ao qual arrebatassem a própria espada.

Julho, 6

Que sensação se comunica a todo o meu ser quando por acaso meu dedo toca no seu, ou nossos pés se encontram embaixo da mesa! Retiro-os como se tivesse tocado o fogo, e uma força secreta impulsiona-me de novo... a vertigem arrebata os meus sentidos!... E dizer que sua alma cândida não sabe o suplício que me infligem essas pequenas familiaridades! E quando, animados pela conversa, ela pousa sua mão sobre a minha e, mais arrebatados ainda pelas palavras, ela se aproxima tanto de mim que eu chego a experimentar seu hálito celestial junto dos meus lábios... então, parece que vou desaparecer como que ferido pelo raio... E, Wilhelm, como explicar esta pureza e esta confiança, se eu jamais ousei... você me compreende. Não, meu coração não é assim tão corrompido! Ele é fraco, sim, bem fraco!... E isto já não é a corrupção?

Ela me é sagrada. Todo desejo emudece em sua presença. Não sei o que sinto quando estou junto dela; é como se toda a minha alma estivesse subvertida... Há uma ária que ela toca no cravo, com o poder mágico de um anjo, e com tanta simplicidade, tanta alma! É a sua ária predileta. Quando ela fere a primeira nota, sinto-me curado de todo o meu sofrimento, da confusão das minhas idéias e fantasias.

Nada do que os antigos contam sobre o poder sobrenatural da música me parece inverossímil. Como esse pequeno canto toma conta de mim. E como ela sabe fazer-se ouvir a propósito, sempre no momento em que me vem vontade de meter uma bala na cabeça!... O delírio e as trevas se dissipam na minha alma e respiro mais livremente.

Julho, 18

Wilhelm, que seria, para o nosso coração, o mundo inteiro sem amor? O mesmo que uma lanterna mágica apagada! Assim que a gente coloca aí uma lâmpada, imagens de todas as cores se projetam na tela branca... E quando fosse apenas isso, fantasmas efêmeros, nós encontramos a felicidade postando-nos diante deles, como as crianças se extasiam ao contemplar aquelas aparições maravilhosas!

Retido hoje por uma reunião a que não podia faltar, não fui à casa de Carlota. Que hei-de fazer? Mandei lá o meu criado, apenas para ter junto de mim alguém que se tivesse aproximado dela. E com que impaciência o esperei! Com que alegria o vi regressar! Deu-me vontade de beijá-lo, mas tive vergonha.

Conta-se que a pedra de Bolonha, quando exposta ao sol, furta-lhe os raios e fica por algum tempo luminosa durante a noite. Pareceu-me haver acontecido o mesmo com o meu criado. Só o pensar que os olhos de Carlota tinham pousado em seu rosto, nas suas faces, nos botões da sua libré, no seu colete, fez com que ele se tornasse para mim tão precioso, tão sagrado! Naquele momento, eu não daria o meu criado por mil escudos. Eu me sentia tão feliz junto dele!... Que Deus não deixe você rir-se de tudo isto! Wilhelm, não são as visões quiméricas que nos tornam felizes?

Julho, 19

Vou vê-la! Foi esta a minha primeira exclamação desta manhã, quando me levantei e meus olhos procuraram alegremente o sol. "Vou vê-la"! E, durante o dia inteiro, não tive outro desejo. Tudo, tudo foi absorvido por essa perspectiva.

Julho, 20

Não me conciliei ainda com a sua idéia de acompanhar o Embaixador***. Jamais pude gostar da subordinação; além do que, todos nós sabemos tratar-se de um homem muito desagradável. Segundo diz você, minha mãe deseja que eu me ocupe de alguma coisa; isso me fez rir. Não estou eu então, ocupado neste momento? Seja em contar grãos de ervilhas, ou lentilhas, no fundo não é a mesma coisa? Tudo neste mundo leva às mesmas mesquinharias; e aquele que, para agradar aos outros, e não por paixão ou necessidade pessoal, se esgota no trabalho para ganhar dinheiro, honrarias, ou o que quer que seja, aquele que agir desse modo, digam o que disserem, é um louco.

Julho, 24

Você insiste tanto que eu cuide do meu desenho, que bem desejava não tocar nesse assunto, para evitar dizer-lhe que trabalhei muito pouco nestes últimos tempos.

Jamais fui tão feliz, nunca o sentimento da natureza, estendendo-se de uma pequena pedra à ervilha mais ínfima, foi em mim completo e tão profundo; e, no entanto... não sei como dizer tudo isso... minha faculdade de expressão é tão fraca, tudo flutua e vacila de tal modo diante de mim, que não posso fixar nenhum contorno. Creio que se trabalhasse a argila, ou a cera, talvez conseguisse transmitir o que tenho no espírito.

Se isto continua, tomarei da argila, amassá-la-ei... quando menos para dela fazer bolinhas.

Três vezes comecei o retrato de Carlota, três vezes fiquei envergonhado, tanto mais quanto, até bem pouco tempo, eu podia surpreender-lhe os traços com muita felicidade. Desenhei, afinal, a sua silhueta e é preciso que isto me baste.

Julho, 25

Sim, querida Carlota, ocupar-me-ei de tudo, da rei todos os seus recados; não tema enviar-me novas incumbências, sempre e sempre! Apenas uma coisa eu lhe peço: não ponha muita areia para secar a tinta dos bilhetes que me escrever. O de hoje, levei-o tão vivamente aos lábios que a areia ainda estala nos meus dentes.

Julho, 26

Tomei, já, várias vezes, a resolução de não ir vê-la tão amiúde. Sim, mas como resistir? Cada dia sucumbo à tentação e faço a mim mesmo este juramento: "Amanhã, você ficará em casa". Quando chega o dia seguinte, sempre encontro qualquer motivo imperioso para lá ir e só dou acordo de mim junto dela. Ou então, é ela quem diz, à noite: "Você virá amanhã, não?" E quem pode resistir a isso? Ou, ainda, é ela quem me incumbe de um recado e julgo conveniente levar-lhe, pessoalmente, a resposta. Ou, ainda isto: vou a Wahlheim, que dista meia hora da casa dela!... Sinto-me muito perto da sua atmosfera... e, subitamente, eis-me a seu lado!

Minha avó sabia o conto da montanha de ímã: os navios que se aproximassem muito, perdiam todas as suas ferramentas, todos os seus pregos, precipitando-se contra ela, e os infortunados marinheiros eram esmagados pelas pranchas que se desmantelavam uma sobre as outras.

Julho, 30

Alberto está de regresso e eu quero partir. Quando ele fosse o melhor, o mais nobre dos homens, de maneira que eu me reconhecesse inferior a ele sob todos os pontos de vista, ainda assim não suportaria vê-lo, com os meus próprios olhos, possuidor de tantas perfeições... Possuidor!... Wilhelm, isto é bastante: o noivo está aqui. É um homem excelente, amável, não se pode deixar de estimá-lo. Felizmente não assisti à sua chegada; isso teria dilacerado o meu coração. Quanto ao mais, é tão honesto que ainda não beijou Carlota em minha presença, uma única vez. Que Deus o recompense por isso! Sou forçado a estimá-lo pelo respeito que ele testemunha a Carlota. Mostra-se atencioso para comigo, e eu desconfio que isso se deve muito a ela, porque as mulheres são admiráveis nesse ponto, e com razão. Quando elas conseguem fazer com que vivam em boa paz dois adoradores, a vantagem é só para elas; mas isto raramente acontece.

Todavia, não posso recusar minha estima a Alberto. Sua calma exterior contrasta vivamente com o meu caráter inquieto, que não posso ocultar. Ele é bastante sensível e sabe o que vale Carlota. Parece pouco sujeito ao mau humor, de todos os defeitos do gênero humano, o que mais odeio.

Alberto me tem na conta de um homem inteligente e de gosto, e a minha atração por Carlota, o extremo prazer que encontro em tudo quanto ela faz, realçam o seu triunfo, de sorte que isso aumenta o seu amor por ela. Não procuro saber se ele a tortura, às vezes, com um ciumezinho pueril; pelo menos, em seu lugar eu não estaria livre dos ataques desse demônio.

Como quer que seja, dessa suposição também é feita a felicidade de me encontrar junto dela. Devo chamar a isso loucura ou cegueira? Para que procurar nomes?

Antes de Alberto chegar, eu já sabia tudo quanto sei agora: que não posso alimentar qualquer pretensão a respeito dela, e não tinha nenhuma... pelo menos até o ponto em que é possível não desejar nada em presença de tantas seduções. E no entanto, o imbecil que eu me tornei, arregala os olhos porque o outro chegou para arrebatar a sua bem-amada!

Eu ranjo os dentes escarnecendo da minha miséria, e escarnecerei duas, três vezes, tantas quantas as pessoas forem capazes de dizer-me que devo resignar-me, pois sei perfeitamente que não posso mudar coisa alguma... Não me importunem, pois, com isso!

Corro de um lado para outro, dentro do bosque; depois, quando chego à casa de Carlota e encontro Alberto sentado junto dela sob o caramanchão do pequeno jardim e sinto-me sufocar, torno-me de uma alegria descompassada, digo mil maluquices, mil extravagâncias.

— Pelo amor de Deus, — disse-me hoje Carlota – nada de cenas como aquela de ontem à tarde, eu lhe suplico! Você me mete medo quando fica tão alegre!...

Espero o momento em que ele está ocupado e sigo rapidamente para lá, sentindo, apesar de tudo, uma grande felicidade quando a encontro sozinha.

Agosto, 8

Meu caro Wilhelm, não creia que me referi a você quando disse que acho intoleráveis as pessoas que exigem de nós resignação ante o irremediável. Na verdade não pensei que você fosse da mesma opinião. Mas, no fundo, você está certo. Farei uma única objeção meu amigo! Raramente as coisas neste mundo oferecem uma alternativa bem marcada; os próprios sentimentos e maneiras de agir apresentam nuanças variadas como as gradações entre um nariz aquilino e um nariz chato.

Não estranhe, pois, se, embora reconhecendo a justeza do seu argumento, eu procure escapar às pontas do seu dilema. Eis o que você me disse:

"Ou você tem alguma esperança de obter Carlota, ou não tem. Assim, no primeiro caso, faça todo o esforço para realizar essa esperança e chegar ao cumprimento dos seus votos; no segundo, tome uma resolução viril, procurando livrar-se de um sentimento funesto que consumirá inevitavelmente todas as suas forças". Meu caro amigo, isso está muito bem dito... e muito oportunamente dito.

Pode-se, acaso, exigir de um desgraçado, cuja vida se extingue pouco a pouco sob a ação surda e lenta, mas irresistível, da doença, que ponha termo imediatamente aos seus sofrimentos com um golpe de punhal? O mal que consome as suas forças não lhe retira ao mesmo tempo a coragem de suicidar-se?

É certo que você poderá responder-me por uma comparação análoga: "Quem não prefere cortar o braço a arriscar a vida, só por medo e hesitação?" Nada sei... mas, não nos batamos a golpes de comparações. Basta... Sim, Wilhelm, sinto, em certos momentos, a coragem de atirar fora o fardo que me esmaga e, pois... se eu soubesse apenas para onde ir... iria imediatamente.

Noite

Meu Diário, que pus de lado durante algum tempo, caiu-me hoje às mãos. Fiquei estupefato ao verificar que é conscientemente que avancei, passo a passo, por este caminho; que vi sempre claramente a minha situação e não tenho agido, de modo nenhum, como uma criança; que ainda agora vejo tudo claramente, sem que haja até aqui qualquer indício de que venha a emendar-me.

Agosto, 10

Eu podia levar a vida mais agradável e feliz, se não fosse um insensato. Raramente se associam circunstâncias tão favoráveis, tão bem combinadas para encher de júbilo a alma humana, como aquelas em que me encontro neste momento. Tanto é verdade, ai de mim, que do nosso coração unicamente é que depende a sua felicidade... Fazer parte da mais encantadora das famílias; amado pelo velho pai como um filho, pelos filhos como um pai; amado por Carlota e por esse excelente Alberto, que não perturba nunca a minha felicidade com um capricho, com uma falta de atenção, envolvendo-me numa amizade tão sincera que, depois de Carlota, não creio que estime a mais ninguém, tanto quanto me estima!... Wilhelm, como nós nos entendemos, passeando juntos e conversando a respeito de Carlota! Nunca se imaginou nada mais ridículo do que esta situação, e no entanto as lágrimas nos vêm muitas vezes aos olhos.

Quando ele me fala da mãe de Carlota e conta como, em seu leito de morte, confiou os cuidados da sua casa e das suas crianças à filha; como, a partir desse momento, Carlota se animou de um espírito inteiramente novo e tornou-se, por sua solicitude de dona de casa e por sua gravidade, uma verdadeira mãe; como não houve mais um só minuto, do seu tempo, que não o consagrasse a um carinho, a algum trabalho pelos seus, sem perder, entretanto, a alegria e o humor fácil!... Sigo a seu lado colhendo flores à beira do caminho, componho com elas, cuidadosamente, um ramilhete e, depois... atiro tudo dentro do rio e fico a olhar o ramilhete que a corrente arrebata e leva, balançando-o docemente...

Não sei se escrevi a você dizendo que Alberto deverá permanecer aqui e vai obter do Tribunal, onde é muito estimado, um ótimo lugar. Não conheço quem se lhe compare em ordem e assiduidade ao trabalho.

Agosto, 12

Certamente, Alberto é o melhor homem que o céu cobre. Tive ontem com ele uma cena bem singular. Eu tinha ido despedir-me dele, porque me veio vontade de fazer uma excursão a cavalo pela montanha, de onde lhe escrevo neste momento. Passeando pelo quarto, descobri as suas pistolas.

— Você vai emprestar-me estas pistolas para a viagem — disse-lhe eu.

— Concordo — respondeu Alberto; — com a condição de você dar-se ao trabalho de carregá-las. Conservo-as aqui só como ornamento.

Tirei uma do gancho, enquanto ele prosseguia:

— Depois que um ato de previdência me acarretou um desastre, tenho pouca vontade de mexer nesses objetos.

Mostrei-me curioso e ele contou a história:

— Durante uma estada de três meses, no campo em casa de um amigo, pelo fato de ter um par de pistolas, embora descarregadas, eu dormia tranqüilo. Por uma tarde chuvosa, como estivesse ocioso, não sei por que me veio ao espírito esta idéia: Nós podemos ser atacados e necessitar destas pistolas, nós podemos... Bem, você sabe o que é isso. Entreguei-as, então, ao meu criado para limpá-las e carregá-las, e ele, brincando com as criadas, quis amedrontá-las... e, só Deus sabe como isso foi, a pistola disparou e a vareta que estava dentro do cano foi ferir a mão direita de uma das criadas, à altura do pulso. Tive de suportar as lamentações e pagar o tratamento, que foi muitíssimo caro. Desde então, não guardo mais nenhuma arma carregada. Meu caro amigo, que valem as precauções? Não se pode prever todos os perigos possíveis!... É verdade que...

Ora, você sabe que eu gosto imenso de Alberto, salvo quando ele começa com os seus "É verdade que..." Não é coisa por demais sabida, com efeito, que toda proposição geral admite exceções? Mas, aquele homem é tão apaixonado pela justiça que, quando acredita haver falado com muita precipitação, ou generalizado em excesso, ou enunciado uma meia-verdade, não cessa de limitar, modificar, marcar e ajustar, até que enfim não reste mais nada.

Naquele momento, ele aprofundou longamente o seu tema; acabei por não escutá-lo mais, e pus-me a devanear. De repente, com um gesto brusco que atraiu a sua atenção, apontei o cano da pistola na fronte, abaixo do olho direito.

— Então! — exclamou Alberto, abaixando a pistola — Que quer dizer isto?

— Não está carregada — respondi-lhe.

— E mesmo assim, que é que significa isto? — replicou ele com impaciência — Não posso imaginar como um homem seja bastante insensato para estourar os miolos; esta só idéia me inspira uma verdadeira repulsa.

— Por que é que os homens — gritei — não podem falar de uma coisa sem logo declarar: "Isto é insensato, aquilo é razoável, aquilo outro é bom, isso aí é mau?" De que servem todas essas palavras? Voe já conseguiu, graças a elas, penetrar as circunstâncias ocultas de uma ação? Sabe destrinçar com rigorosa certeza as causas que produzem, que a tornaram inevitável? Se assim fosse, não enunciaria com tanta rapidez os seus julgamentos.

Alberto replicou-me:

— Você há de concordar comigo que certas ações são sempre criminosas, qualquer que seja o seu móvel.

Dei de ombros e acrescentei:

— Todavia, meu caro, ainda nesse ponto há exceções. É verdade que o roubo é um crime; mas o homem que se torna ladrão para salvar-se e salvar os seus de morrer de fome, merece a compaixão ou o castigo? Quem atirará a primeira pedra no esposo que, numa explosão de cólera justa, mata a esposa infiel e o infame sedutor; na jovem que, num momento de vertigem, se abandona à ebriedade irresistível do amor? Nossos próprios juízes, esses pedantes de coração gelado, deixar-se-iam comover e seriam capazes de suspender o julgamento.

— O caso aqui é completamente diverso – tornou Alberto; — porque o homem arrebatado pelas suas paixões perde a faculdade de refletir e deve ser considerado como um ébrio, ou como um louco.

— Oh! essa gente razoável! — exclamei eu, sorrindo — Paixão! Embriaguez! Loucura! E vocês se conservam tão calmos, tão indiferentes, vocês, os homens da moral! Esmurram o bêbado, repelem o louco, cheios de asco, e passam adiante, como o sacrificador, agradecendo a Deus, como o fariseu, por não haver feito vocês iguais a um desses desgraçados!... Tenho me embriagado mais de uma vez, as minhas paixões roçaram sempre pela loucura, e disso não me arrependo, porque só assim cheguei a compreender, numa certa medida, a razão por que, em todos os tempos, sempre, foram tratados como ébrios e como loucos os homens extraordinários que realizaram grandes coisas, as coisas que pareciam impossíveis... Mas, ainda na vida ordinária, nada mais intolerável do que a todo momento ouvir gritar, sempre que um homem pratica uma ação intrépida, nobre e imprevista: "Esse homem está bêbado! É um louco!..." Que vergonha, ó todos vocês que vivem em jejum! Que vergonha, ó homens sensatos!

— Ainda as suas quimeras! — disse Alberto. Você exagera tudo! Desta vez, sem contradição possível, você enganou-se, pelo menos em comparar o suicídio, que é o assunto em foco, com as grandes ações, quando não se pode considerá-lo senão como uma fraqueza. Decerto, é muito mais fácil morrer do que suportar com constância uma vida de tormentos.

Estive a ponto de estourar, porque não há argumento que tanto me faça perder a cabeça como um insignificante lugar-comum que me citam no momento em que falo com toda a alma. Entretanto, contive-me, cansado de ouvir essa banalidade, que já me aborreceu por mais de uma vez; mas respondi com alguma vivacidade:

— Você chama a isso fraqueza? Peço-lhe, não se deixe levar pelas aparências! Um povo que geme sob o jugo de um tirano, você ousará acusá-lo de fraqueza se ele explode e rompe, afinal, as suas cadeias? O homem que, tomado de espanto diante da sua casa incendiada, apela para todas as suas forças e transporta facilmente cargas que, de sangue frio, mal poderia empurrar; outro que, no auge do furor que lhe cause uma ofensa, se mede com seis adversários e vence-os, você dirá que são fracos? Muito bem, meu amigo, se um esforço considerável é uma prova de força, por que um esforço alucinado, febricitante, seria o contrário?

Alberto encarou-me e disse:

— Não se aborreça, mas os exemplos que você acaba de citar não me parecem adequados ao caso.

— Não importa — respondi eu; — já me censuraram mais de uma vez de ter um modo de raciocinar que orça quase sempre pelo disparate. Vejamos, então, se de outra maneira poderemos fazer idéia daquilo que se passa no espírito de um homem, quando resolve deitar fora o fardo, de ordinário agradável, da vida, porque só podemos falar de sentimentos que nós entendemos bem.

— A natureza humana — prossegui — é limitada: ela suporta a alegria, a tristeza, a dor, até certo ponto; se ultrapassá-lo, sucumbirá. A questão não é saber, pois, se um homem é forte ou fraco, mas se pode aturar a medida de sofrimento, moral ou físico, não importa, que lhe é imposta. Neste caso, acho tão absurdo dizer que um homem é covarde por haver dado cabo da própria vida, como seria absurdo chamar de covarde o que corre de uma febre maligna.

— Isso é um paradoxo, um verdadeiro paradoxo! — exclamou Alberto.

Repliquei-lhe:

— Não tanto como você supõe. Você há de convir que nós chamamos doença mortal a que esgota o organismo de tal modo, que as forças ficam em parte consumidas e em parte incapazes de agir; assim, o organismo não poderá mais reerguer-se e, por uma reação favorável, restabelecer o curso ordinário da vida... Pois bem, meu amigo, apliquemos esta verificação ao espírito. Considere quanto o espírito do homem é limitado e como as idéias nele se fixam até que, atingindo o grau da paixão, lhe retiram completamente a calma, a faculdade de refletir e o levam à perdição total. Não adianta que o homem razoável e de sangue frio se compenetre da situação do desgraçado e o exorte; seria o mesmo que um homem robusto, junto do leito de um enfermo, tentar transmitir-lhe uma parcela, mínima que seja, do seu vigor.

Como Alberto achasse que eu falava de um modo muito genérico, lembrei-lhe a história recente de uma rapariga que encontraram afogada:

— Era uma boa e doce criatura, que crescera no círculo acanhado das suas ocupações domésticas, fazendo sempre o mesmo trabalho. Não conhecia outra espécie de prazer senão ir, lá uma vez por outra, aos domingos, com o melhor vestido e enfeites que ela conseguia, passear nos arredores da vila em companhia das amigas; quando não, ia dançar numa outra festa. No mais, costumava passar uma hora conversando com alguma vizinha a respeito de uma questiúncula, ou maledicência. Ela punha nessas conversações toda a vivacidade e o mais sincero interesse... Mas, a sua natureza ardente sentiu, afinal, certas solicitações mais íntimas, estimuladas pela lisonja dos homens, e seus divertimentos de outrora perderam aos poucos todo interesse, até que ela sai do seu retraimento porque encontra alguém para o qual a impele um sentimento desconhecido e poderoso. É para esse alguém que se voltam todas as suas esperanças; ela esquece o mundo e não ouve, não vê, não sente senão esse alguém; só ele existe para ela, só a ele deseja. Como essa rapariga não estava corrompida pelas satisfações frívolas da vaidade e da coquetice, o seu desejo vai direito ao fim: ela quer pertencer-lhe, encontrar numa união eterna com ele toda a felicidade que lhe falta e com ele fruir todas as alegrias pelas quais tanto suspirava. Promessas sempre e sempre repetidas transformaram suas esperanças em certeza, carícias ousadas açulam seus desejos, acabam cativando completamente a sua alma, e ela flutua, num estado de semiconsciência, num sonho de ventura incomparável. Tendo atingido o mais alto grau da impaciente espera, quando enfim estende os braços para chegar à realização de todos os seus votos... aquele a quem tanto amava, abandona-a. Ei-la privada de todas as faculdades de sentir e pensar! Vê diante de si um abismo; em torno, trevas e só trevas: nenhuma perspectiva para o futuro, nenhuma consolação, nenhuma perspectiva para o futuro, nenhuma consolação, nenhum raio de esperança, porque ele a deixou, aquele unicamente em que ela se sentia viver. Não vê mais o universo em torno, nem aqueles que poderiam substituir o bem perdido; sente-se sozinha, abandonada para sempre. Então, cega, alucinada pela angústia horrível que lhe constringe o coração, precipita-se na morte que a espiava de todos os lados, a fim de nela afogar todos os seus tormentos... Veja, Alberto, é a história de muita gente! E diga-me, não é o mesmo que acontece numa doença? A natureza, não encontrando saída no labirinto onde as forças lutam e se debatem confusamente, caminha para a morte inevitável. Maldito seja aquele que, vendo tudo isso, contenta-se em dizer: "Que insensato! Ele devia esperar, deixando que o tempo agisse por si; seu desespero ter-se-ia acalmado e não faltaria quem o consolasse". É absolutamente como se se dissesse: "Como é que este doido foi morrer de febre? Se ele tivesse esperado que suas forças voltassem, que os humores fossem purificados e cessasse a agitação do sangue, teria sido bem sucedido e ainda estaria vivo!"

Alberto, para quem a minha comparação não pareceu ainda bastante clara, fez-me algumas objeções, entre outras, esta: que eu havia falado de uma jovem simplória; não podia, entretanto, conceber qualquer escusa, num caso análogo, para um homem inteligente, cuja existência é menos limitada e cujo espírito abrange melhor a relação das coisas.

— Meu amigo! — exclamei — O homem é sempre o homem; a parcela de inteligência que possa ter, raras vezes conta, ou não pode ser admitida em absoluto, desde que suas paixões se desencadeiam e ele se veja acuado nos extremos da sua humanidade. Mais ainda... Bem; isto fica para outra vez!

Peguei o chapéu. Oh! como o meu coração transbordava! Nós nos separamos, sem nos havermos entendido. Também, neste mundo, raramente nós nos compreendemos uns aos outros.

Agosto, 15

A coisa mais certa deste mundo é que o afeto, somente, torna o homem necessário. Sinto que Carlota ficaria triste se me perdesse e as crianças sequer chegam a admitir que eu deixe de ir lá todos os dias. Fui hoje afinar o cravo de Carlota, mas nada pude fazer; as crianças não me largavam, pedindo um conto de fadas e, por fim, ela mesma pediu que as atendesse. Cortei-lhes o pão da merenda (agora, os pequenos amam tanto recebêlo de mim como de Carlota); depois, narrei o meu mais lindo conto, *A Princesa servida pelos anões.* Ensinolhes assim uma porção de coisas e fico admirado da impressão que tudo isso provoca neles. Como é preciso inventar sempre alguma circunstância acessória, esquecendo-a ao repetir a história uma segunda vez, eles me advertem que, antes, contei de outro modo. Assim, sou forçado a manter um ritmo invariável, sem trocar coisa alguma, como se estivesse desfiando um rosário. Isto me convence que um autor estraga a sua obra, revendo-a e corrigindo-a para uma segunda edição, pois ela nada ganha quanto ao conteúdo poético. A primeira impressão nos encontra em estado passivo, a tal ponto que o homem pode aceitar as coisas mais inverossímeis; e, como se fixam fortemente no seu espírito, ai daqueles que depois pretendam apagá-las ou arrancá-las!

Agosto, 18

Por que é que aquilo que faz a felicidade do homem, acaba sendo, igualmente, a fonte de suas desgraças?

O intenso sentimento do meu coração pela natureza em seu esplendor, sentimento que tanto me delicia, transformando em paraíso o mundo que me cerca, tornou-se para mim um tormento intolerável, um fantasma que me tortura e persegue por toda parte. Outrora, quando, do alto de um rochedo, abrangendo com o olhar, para além do riacho, desde os vales férteis até às colinas, ao longe, eu via em torno de mim tudo germinar e frondescer; quando eu contemplava essas montanhas cobertas, da base aos píncaros, de árvores ramalhudas, e os vales sinuosos ensombrados de bosques deliciosos, o riacho que escorre tranqüilo entre os caniçais murmurejantes, refletindo as nuvens que a brisa da tarde molemente faz flutuar no céu; depois, quando eu ouvia os pássaros animar com os seus cantos a floresta inteira, e enxames e mais enxames de moscardos dançando alegremente no último raio purpúreo do sol, cujo olhar de adeus, rápido como um relâmpago, libertava da prisão, entre as ervas, um escaravelho zumbidor; quando os ruídos e o movimento confuso de em torno despertavam a minha atenção para o musgo que tira a sua seiva da pedra dura, e a giesta que cresce na encosta arenosa da colina, e tudo isso me revelava a vida interior ardente e sagrada da natureza — com que calor o meu coração abarcava esse mundo de coisas! De algum modo, era como se eu me tornasse um Deus pela plenitude de emoção que transbordava de mim, e as magníficas imagens do mundo infinito, agitando-se em minha alma, enchiam-na de uma vida nova. Via-me cercado de montanhas gigantescas; diante de mim se abriam abismos onde se precipitavam as torrentes formadas pelas chuvas das tempestades. Embaixo, os rios rolavam suas ondas impetuosas, as florestas e as montanhas estremeciam. Eu via todas as forças insondáveis da natureza agir umas sobre as outras, e juntas se fecundarem na profundeza da terra; via espécies diversas de criaturas pulular sobre a terra e sob os céus. Tudo se povoava de milhares de formas diferentes, e os primeiros homens se reuniam em sociedade, nas cabanas; depois, construíam suas casas definitivas, passando a reinar sobre o mundo inteiro! Pobre homem insensato, que julgas todas as coisas pequenas, por que és, também, tão pequeno? Desde as montanhas inacessíveis, para além do deserto que nenhum pé humano calcou, até à extremidade do oceano desconhecido, sopra o espírito Daquele que cria, incessantemente, e rejubila-se a cada átomo de pó vivificado graças à sua palavra! Ah! quantas vezes, naquele tempo, ardentemente desejei deixar-me arrebatar, nas asas do grou que adejava sobre a minha cabeça, rumo às margens desse mar que homem nenhum conseguiu medir, para beber, na taça espumejante do infinito, a vida embriagadora que enche o coração, para sentir, um só momento, fraco e limitado como me sinto, correr em minhas veias uma gota da felicidade proporcionada pelo Ser que produz todas as coisas em si e por si mesmo!

Irmão, a só lembrança dessas horas basta para me fazer feliz! O próprio esforço feito para reviver em mim essas sensações indizíveis, e para exprimi-las, faz com que minha alma a si mesma se supere, mas para em seguida obrigar-me a sentir duplamente o horror da minha atual situação.

Parece que um véu se rasgou diante de minha alma e o teatro da vida infinita mudou-se, para mim, num túmulo eternamente escancarado. Podes tu afirmar "Isto existe!", quando tudo passa, rola e desaparece como um clarão; quando raramente a existência de um ser se prolongue até o esgotamento total das suas forças; quando, ai de mim, absorvido pela corrente, esse mesmo ser vai quebrar-se contra os rochedos? Não há um momento que não devore a ti e aos teus; não há um só instante em que tu não destruas, não sejas forçado a destruir. O teu passeio mais inocente custa a vida a centenas de pobres vermezinhos. Com uma passada, tu deitas abaixo os edifícios penosamente erigidos pelas formigas, e fechas de modo ignominioso a tumba sobre todo um pequeno universo... Ah! as grandes e raras calamidades deste mundo, as inundações que arrasam as nossas aldeias, os tremores de terra que engolem as nossas Cidades, nada disso me comove; o que me dilacera o coração é esta força destruidora oculta em toda a natureza, esta força que nada cria senão para destruir-se e destruir o que a cerca ao mesmo, tempo. Assim, prossigo eu, vacilante e o coração opresso, entre o céu e a terra com as suas forças sempre ativas, e nada mais vejo senão um monstro que devora eternamente todas as coisas, fazendo-as depois reaparecer, para de novo devorá-las.

Agosto, 21

Estendo em vão os braços para prendê-la, ao raiar do dia, quando começo a despertar dos sonhos importunos;

à noite, estirado sobre a minha cama, procuro-a, embalde, se a inocente ilusão de um sonho feliz faz-me acreditar que estou sentado junto dela, na campina, cobrindo de beijos a sua mão! Ai de mim! Quando, ainda mal desperto, a procuro a meu lado, tateando, e, ao fazê-lo, arregalo completamente os olhos à realidade, uma torrente de lágrimas não pode mais ser contida pelo meu coração esmagado. Choro, contemplando cheio de amargura o sombrio futuro que me aguarda.

Agosto, 22

Sou muitíssimo desgraçado, Wilhelm! Minhas faculdades perderam o equilíbrio, dando lugar a um misto de indolência e agitação. Não posso ficar desocupado e, no entanto, nada posso fazer. Não tenho mais imaginação, nem sentimento da natureza, e os livros só me inspiram tédio. Tudo nos falta quando estamos em falta conosco mesmos!

Juro a você que por mais de uma vez desejei ser um simples trabalhador do campo: assim, ao despertar, teria uma perspectiva para a jornada que começa, uma necessidade que me impelisse e uma esperança. Quantas vezes invejo Alberto, que vejo sempre mergulhado até às orelhas nos seus papéis, imaginando quão feliz eu seria se estivesse em seu lugar! Por vezes, já, me veio a idéia de escrever a você e ao ministro, para solicitar, o lugar na Embaixada, que não me será recusado, segundo você me assegura e suponho. Não é de hoje que o ministro se mostra meu amigo; há muito tempo aconselha-me a seguir uma profissão qualquer. Penso nisto seriamente, pelo espaço de uma hora, mas depois, quando torno a pensar e me lembro da história do cavalo cansado de ser livre, que se deixa arrear e esporear, e o cavaleiro cavalga até estafá-lo, não sei mais o que devo fazer... Assim sendo, meu amigo, a aspiração que sinto de mudar de vida não será uma secreta inquietude, um mau estar interior que me perseguirá por toda parte?

Agosto, 28

Na verdade, se o meu mal fosse susceptível de cura, estas excelentes criaturas tê-lo-iam conseguido.

Sendo hoje dia do meu aniversário, pela manhã recebi um pequeno embrulho da parte de Alberto. Abrindo-o, descobri logo um dos nós cor-de-rosa que Carlota trazia no corpete, quando a vi pela primeira vez, e, depois, não me cansei de pedir-lhe. Havia, ainda, dois volumes in-12, a edição portátil de Homero, de Wettstein, que tanto desejava para não mais carregar a de Ernesti em meus passeios. Você vê como eles correm ao encontro dos meus desejos, como eles procuram a ocasião para estas pequenas finezas de amizade, mil vezes mais preciosas do que os presentes suntuosos com os quais a vaidade do doador procura humilhar-nos. Beijo mil vezes o nó cor-de-rosa e, a todo momento, minha alma aspira a recordação das delícias de que tenho sido cumulado nestes poucos dias felizes que passam e não voltam mais.

Wilhelm, tudo é assim e não tenho por que lastimar: as flores da vida, são aparições fugidias! Quantas delas se estiolam sem deixar vestígios! Quão poucas produzem frutos, e ainda assim, desses frutos, quão poucos chegam à maturidade! E no entanto, ainda sobram muitos; e, no entanto... Ó meu irmão, poderemos nós desprezar os frutos maduros, e deixar que apodreçam sem havê-los saboreado?

Adeus. Temos aqui um verão soberbo. Subo sempre nas árvores do pomar de Carlota e, armado de uma longa vara, atinjo as pêras que se acham nas grimpas. De pé junto do tronco, embaixo, ela toma os frutos das minhas mãos, à medida que os vou colhendo.

Agosto, 30

Infeliz! Não passas de um insensato! Por que procuras enganar-te a ti mesmo? De que te servirá essa paixão furiosa e sem limites?... Não posso dirigir minha preces senão a ela; nenhuma outra figura, a não ser a dela, se apresenta à minha imaginação, e o mundo que me cerca, só o percebo quando tem com ela alguma relação. Só assim consigo fruir algumas horas de felicidade... até o momento em que é preciso que me retire de junto dela! O' Wilhelm, se você soubesse até onde me leva o coração! Quando passo junto dela duas ou três horas alimentando-me da sua presença, das suas maneiras, da expressão celestial das suas palavras, pouco a pouco todos os meus sentidos adquirem uma tensão excessiva, meus olhos deixam de enxergar, mal consigo ouvir, sinto como que a mão de um assassino constringindo-me a garganta. Batendo desordenadamente, meu coração procura atenuar a angústia dos meus sentidos, mas apenas consegue aumentar a minha perturbação... Wilhelm, quantas vezes, então, nem chego a saber se vivo neste mundo! E, a menos que (o que sucede com freqüência) a tristeza me empolgue por completo, e Carlota me conceda o humilde conforto de desafogar meu coração oprimido, banhando suas mãos nas minhas lágrimas, é preciso que eu me afaste. que saia e vá errar pelos campos, bem longe! Agrada-me, então, galgar uma montanha a pique, embrenharme através do bosque impenetrável, ferindo-me nas armadilhas de caça, dilacerando-me nos espinheiros. Só então me sinto um pouco aliviado! Um pouco, que digo eu? Quantas e quantas vezes, quando me estiro no caminho, prostrado de fadiga e de sede, ou quando, alta noite, enquanto a lua resplende sobre a minha cabeça, sento-me sobre um tronco de árvore no seio da floresta, para aliviar meus pés doloridos, esmoreço na meia luz duvidosa da espessura e durmo um sono fatigante! Ó Wilhelm, a permanência numa célula solitária, o cilício e o cíngulo de pontas de ferro, são o consolo a que minha alma aspira!... Adeus! Só vejo um fim a esses tormentos: o túmulo.

Setembro, 3

É preciso que eu me vá embora! Obrigado, Wilhelm, por haver você tomado por mim uma deliberação! Há quinze dias, já que eu penso em afastar-me dela. É preciso que eu me vá embora! Ela veio à vila, ainda uma vez em visita a uma amiga. E Alberto... e... É preciso que eu me vá!

Setembro, 10

Wilhelm, que noite! Agora, suportarei tudo. Não a verei mais! Oh! Não poder eu voar até você, meu bom amigo, e exprimir-lhe, com os meus transportes e torrentes de lágrimas, os sentimentos que perturbam meu coração! Sinto-me ofegante e procuro readquirir um pouco de calma; espero o amanhecer, porque os cavalos aqui estarão ao romper do sol.

Ai de mim, ela dorme tranqüilamente, ela não sabe que nunca mais me verá. Pude arrancar-me de junto dela, tive força bastante para, durante uma conversa de duas horas, não trair o meu desígnio. O que nós conversamos, Deus do céu!

Alberto prometera-me que iria ao jardim com Carlota, depois da ceia. Fiquei na varanda, embaixo dos grandes castanheiros, sendo o sol, que pela última vez eu contemplaria sobre o vale, encantador e o riacho tranqüilo. Quantas vezes lá estive ao lado dela para gozar esse magnífico espetáculo! E agora...

Pus-me a passear pela alameda que me é tão cara. Uma simpatia secreta me reteve muitas vezes naquele lugar, antes mesmo de conhecer Carlota. E como nos alegramos ao descobrir, nos primeiros tempos da nossa intimidade, que tínhamos, ambos, preferência por aquele sítio! Devo dizer que é um dos mais românticos lugares que eu conheço entre os imortalizados pela arte.

Descortina-se, através dos castanheiros, um panorama a perder de vista. Lembro-me de haver, muitas vezes, descrito isso tudo nas minhas cartas: como, mais adiante, a gente fica presa entre duas altas cercas; como a alameda se vai tornando cada vez mais sombria ao atravessar um bosquezinho que a prolonga e termina, enfim, por uma pequena muralha, cuja solitude nos comunica uma emoção misteriosa. Experimento ainda a impressão em mim produzida ao entrar ali pela primeira vez, em pleno dia; pareceu-me que aquele lugar já me era familiar e não pude reprimir o pressentimento de que iria ser, para mim, teatro de muitas alegrias e muitos sofrimentos.

Havia meia hora que eu alimentava pensamentos a um tempo doces e cruéis de separação, quando percebi que eles subiam para a varanda. Corri-lhes ao encontro, peguei, todo trêmulo, a mão de Carlota e a beijei. Acabamos de galgar o ponto mais elevado, no momento em que a lua surgia atrás do bosque que envolve a colina. Conversando sobre um mundo de coisas, aproximamo-nos insensivelmente do sombrio pavilhão de verdura. Carlota entrou e sentou-se; Alberto e eu nos colocamos junto dela; mas eu estava por demais agitado para ficar muito tempo no mesmo lugar. Levantei-me, postei-me diante dela, caminhei de um lado para outro e tornei a sentar-me. Sufocava-me uma imensa angústia. Carlota chamou nossa atenção para o belo efeito do luar que iluminava, em frente, a varanda inteira até à extremidade das cercas. Era um espetáculo magnífico, tanto mais quanto, em redor, tudo estava mergulhado numa obscuridade quase completa. Emudecemos; ao cabo de alguma tempo, ela falou:

— Sempre que passeio à luz do luar, penso nos meus entes queridos que a morte levou, a idéia da morte e da vida futura toma conta de mim. Nós somos imortais! — acrescentou ela, com um acento da mais estranha sensibilidade — Mas, Werther, nós nos tornaremos a encontrar? Nós nos reconheceremos? Que pensa você de tudo isso, diga?

— Carlota, — respondi eu, estendendo-lhe a mão e com os olhos marejados de lágrimas — nós nos encontraremos! Sim nós nos encontraremos aqui e lá em cima!

Não pude dizer mais nada... Wilhelm! Por que me fez ela essa pergunta no momento em que eu trazia o coração dilacerado pela angústia da separação?

E ela prosseguiu:

— Os seres amados que nós perdemos, saberão eles alguma coisa a nosso respeito? Sentem quando somos felizes e quando deles nos lembramos com ardente afeto? Oh! A imagem de minha mãe vaga em torno de mim durante os serões tranqüilos em que me sento em meio dos seus filhos, hoje meus, que se juntam em torno de mim como se juntavam em torno dela! Então, volvo os olhos para o céu com uma lágrima de pesar, desejando que ela possa ver, um minuto que seja, como eu cumpro a promessa que lhe fiz no seu último instante, de ser a mãe de seus filhos! Com que emoção exclamo: "Mãe querida, perdoa-me por não poder ser para eles aquilo que tu foste! Ai de mim, faço entretanto o que posso: eles estão vestidos, alimentados e, o que é mais ainda, são acariciados e amados. Se tu pudesses, santa querida, ver como somos unidos, agradecerias, glorificarias ardentemente o Deus a quem imploraste, derramando as últimas lágrimas, lágrimas de infinita amargura, a felicidade de teus filhos!

De que modo ela disso tudo isso, Wilhelm! Oh! Quem poderá repeti-lo? Como poderão os caracteres frios e impassíveis reproduzir essas flores celestiais que nascem da alma? Alberto interrompeu-a docemente:

— Você se aflige demais, Carlota querida; sei o quanto estas idéias lhe são caras, mas peço-lhe...

— Oh! Alberto! — disse ela — Lembra-se você dos serões que passamos juntos em torno da mesinha redonda, quando meu pai estava em viagem e tínhamos mandado as crianças dormir? Você trazia sempre um bom livro, mas raramente chegamos a lê-los. A companhia daquela alma admirável não era melhor do que tudo o mais? Que mulher! Tão bela, tão doce, tão alegre, e trabalhando sempre! Só Deus sabe quantas lágrimas derramei, ajoelhada diante Dele, no meu leito, pedindo-Lhe que me tornasse igual a ela!

— Carlota! — exclamei atirando-me aos seus pés, tomando-lhe a mão e molhando-a de lágrimas — Carlota, a benção de Deus e o espírito de sua mãe pairam sobre você!

— Se você a tivesse conhecido! — respondeu-me ela, apertando-me a mão — Ela era digna de que você a conhecesse!

Senti-me desfalecer. A meu respeito, nunca ouvi palavra maior e mais gloriosa. Ela prosseguiu:

— E dizer que aquela mulher devia morrer na flor da idade, quando o seu filho mais novo não tinha ainda seis meses! A doença foi curta; ela mostrou-se calma e resignada. Só se preocupava com os filhos, sobretudo o menorzinho. Quando se aproximou o desenlace, pediu-me: "Vai buscá-los!" Levei-os para junto dela. Os menores nada compreendiam ; os mais velhos estavam acabrunhados. Logo que os viu em torno do leito, ela ergueu as mãos e rogou a Deus por eles; depois, beijou um por um, pediu que se retirassem e disse-me: "Minha filha, seja para eles uma segunda mãe!" Prometi-lhe que sim. Ela respondeu: "Você promete bastante, minha filha: coração de mãe, olhos de mãe. Você sabe o que isso é. Notei-o muitas vezes em suas lágrimas de reconhecimento. Tenha tudo isso por teus irmãos e tuas irmãs; tenha por teu pai o devotamento e a obediência de uma esposa. Você deve consolá-lo".

Ela pediu-me para vê-lo; ele havia se retirado, para ocultar a dor que ia além de suas forças, — pobre homem! — com o coração dilacerado. Você estava no quarto, Alberto; ela ouvia passos, perguntou quem era, chamou você para junto dela. Como nos fitou longamente! Como aquele olhar exprimia a certeza de que, unidos. seríamos felizes!

Alberto abraçou-a e beijou-a, exclamando: "Nós somos, nós seremos felizes!"

Esse mesmo Alberto, de ordinário tão calmo, não era mais senhor de si; e, quanto a mim, não dava mais acordo de que estava vivo.

— Werther, — tornou ela – uma mulher como aquela perdida para sempre! Ó Deus, quando penso como a gente perde o que tem de mais caro nesta vida! Ninguém sente isso tão vivamente como as crianças; as nossas lamentavam, ainda muito tempo depois, haver "os homens negros levado a nossa mamãe!"

Carlota levantou-se, e eu, como que despertando de um sonho, senti-me aturdido. Permaneci sentado, prendendo ainda a sua mão.

— Vamos — disse ela; — já é tempo de irmos embora! Ela quis retirar a mão, eu a apertei com mais força.

— Nós tornaremos a ver! — exclamei — Nós havemos de nos encontrar de novo; havemos de nos reconhecer, sob qualquer forma!... Eu parto, mas parto voluntariamente, e, no entanto, se fosse preciso dizer "Para sempre!", não poderia suportá-lo. Adeus, Carlota, adeus, Alberto! Nós nos veremos ainda.

— Amanhã, penso eu – replicou ela com um tom jovial.

O que esse "Amanhã" me amargurou! Ah! ela sequer o adivinhou, ao retirar a mão da minha... Eles seguiram pela alameda; fiquei imóvel, vendo-os alongar-se à luz do luar. Então, atirando-me ao solo, esgotei as minhas lágrimas até que, de súbito, reerguendo-me precipitadamente, corri para a beira da varanda; dali, vi ainda o seu vestido branco brilhar à sombra das grandes tílias e atingir o portão do jardim. Estendi os braços e tudo desapareceu!

LIVRO SEGUNDO

20 de Outubro de 1771

Chegamos ontem aqui. O embaixador acha-se indisposto e deverá guardar o leito por alguns dias. Se ele tivesse um pouco mais de boa vontade, tudo iria muito bem. Sinto perfeitamente que o destino me reserva bem duras provas. Mas, coragem! Com bom humor tudo se suporta... Com bom humor! Rio-me ao verificar que essas palavras me pingaram da pena. Oh! Bastar-me-ia um temperamento um pouco mais confiante e mais indiferente para fazer de mim o homem mais afortunado que o céu cobre. Como! Vendo outros, felizes na sua apoucada suficiência, tirar partido da sua débil capacidade, das suas habilidadezinhas, desesperar-me eu das minhas forças e dos meus dons naturais? Ó Deus, que me concedeste tudo isso, podias dar-me apenas metade, contanto que me incutisses confiança em mim mesmo e contentamento de espírito!

Paciência, paciência! Tudo isso há de passar, porque reconheço, meu amigo, que você tem razão. Depois que me vejo diariamente metido com estes sujeitos, e noto o que eles fazem e como fazem, vivo mais satisfeito comigo mesmo. Certamente que sim, pois sendo da nossa índole comparar-nos a todas as coisas e comparar todas as coisas conosco, a nossa felicidade ou a nossa desdita dependem dos objetos desse confronto; de sorte que nada é mais perigoso para nós do que a solidão.

Nossa imaginação, levada pela sua própria natureza a exaltar-se, e, ainda, excitada pelas figuras homéricas que lhe oferece a poesia, dá corpo a uma escala de seres onde ocupamos sempre um lugar ínfimo. Tudo quanto se acha fora de nós parece mais belo, e todos os homens mais perfeitos do que nós. E isto é natural porque sentimos demasiado as nossas imperfeições e os outros sempre parecem possuir precisamente aquilo que nos falta. Em conseqüência, nós lhes acrescentamos tudo quanto está em nós mesmos e, para coroar a obra, concedemos-lhes também certa facilidade miraculosa que exclui toda idéia de esforço. E eis esse bem-aventurado mortal convertido num conjunto de perfeições por nós mesmos criadas.

Ao contrário, quando perseveramos em nossos próprios esforços, apesar da nossa fraqueza e dificuldades, progredimos mais lentamente na porfia onde outros empregam a vela e o remo... Em suma, a gente sente o que vale quando alcança os outros na reta, ou mesmo os ultrapassa.

Novembro, 26

Começo a achar minha situação relativamente suportável. O melhor é que não falta em que ocupar-me; depois, a presença de tantas pessoas, tantos rostos inéditos e diferentes, é para mim um espetáculo variado. Travei; relações com o conde de C..., homem que me vejo obrigado a respeitar cada vez mais, pois trata-se de um espírito vasto e superior, isento de frieza, embora abrangendo um mundo de conhecimentos. O seu convívio denuncia claramente que ele é capaz de sentir a amizade e o amor!

O conde tomou-se de simpatia por mim quando fui tratar com ele de um negócio de que me encarregaram; sentiu, logo às primeiras palavras, que nós nos compreenderíamos e podia conversar comigo como não pode fazê-lo com todo mundo. Não tenho palavras para louvar-me pela franqueza que ele usa comigo. Nenhuma alegria é comparável à de ver uma grande alma abrir-se para conosco.

Dezembro, 24

Como eu previra, o embaixador causa-me muitos aborrecimentos. É o idiota mais minucioso que se conhece, avançando passo a passo, formalista como uma solteirona. Sempre insatisfeito consigo mesmo, ninguém poderá nunca satisfazê-lo. Gosto de escrever de um jato, não retocando o que escrevo; pois bem, ele é capaz de devolver-me um memorando e dizer-me: "Está bom, mas é preciso revê-lo. Encontra-se sempre uma expressão melhor, uma partícula mais justa". Tenho então vontade de mandá-lo ao diabo! Gosta dos pontos e as vírgulas muito direitinhas em seus lugares, é inimigo encarniçado de toda transposição, o que me escapa com freqüência. Se não lhe cantarem sempre os períodos segundo o ritmo tradicional, lembrando o batuque da Barbaria, ele não entende patavina. É um suplício trabalhar com um homem desta espécie!

A minha única e constante recompensa é a confiança que me testemunha o conde de C... Ele expressou-me, há dias, francamente, quanto lhe desagrada a lentidão e os escrúpulos exagerados do embaixador:

— Essa gente torna a vida desagradável para eles próprios e para os outros. Mas, é preciso resignar-se a isso como o viajante se resigna ao ter de transpor uma montanha. É verdade que o caminho seria mais curto e mais cômodo se não fosse a montanha; mas a montanha existe e é preciso seguir viagem!

O velho pedante percebe a preferência que o conde me concede e, despeitado, aproveita todas as ocasiões para me falar mal do conde. Como é natural, eu tomo o partido deste último e isto só faz piorar as coisas.

Ontem, o embaixador açulou a minha cólera, porque me senti visado pelas suas palavras. Disse-me que o conde possui, sem dúvida, aptidões para a diplomacia, que trabalha com facilidade e maneja bem a pena, faltando-lhe, porém, uma sólida erudição, como acontece aos espíritos brilhantes. Impingia tudo isso com um ar que queria dizer: "Dói-lhe esta ferroada?" Mas ele não atingiu o alvo: dou o maior desprezo a um homem capaz de pensar e agir desse modo. Enfrentei-o com obstinação, incisivamente, retorquindo-lhe que o conde é um homem digno de toda estima, já pelo seu caráter, já pelos seus conhecimentos. E acrescentei:

— Não conheço ninguém que tenha conseguido, como ele conseguiu, enriquecer o espírito abrangendo uma vastidão de assuntos, sem sacrificar, entretanto, a sua espantosa atividade na vida ordinária.

Mas, tudo isso foi deitar pérolas a porcos; despedi-me logo, temendo que ele continuasse a dar por paus e por pedras, e fizesse ferver a minha bílis.

A culpa é de todos vocês que, por meio de belas palavras, me fizeram aceitar este jugo, pregando-me constantemente a necessidade de uma vida ativa! Vida ativa!... Se aquele que planta suas batatas e vai, a cavalo, vendê-las à vila, trabalha mais do que eu, quero fatigar-me bastante, remando ainda dez anos nesta galera onde me vejo acorrentado!

E esta miséria dourada, e o tédio que se experimenta em meio destas vis criaturas que aqui se reúnem! Como elas se disputam a preferência, como ficam dia e noite à espreita para ganhar uma polegada de terreno, e como as paixões mais mesquinhas e miseráveis aí se mostram sem véu! Quer um exemplo? Ei-lo. Há aqui uma senhora que fala tanto da sua nobreza e das suas terras a todo mundo, que quem não a conhece deve pensar: "É uma idiota completamente embriagada pelo seu nascimento e pela fama de suas propriedades!" Nada disso: essa mulher é apenas a filha do tabelião destas redondezas! Não posso compreender que a espécie humana seja tão destituída de senso para desonrar-se com essas baixezas.

É verdade, meu amigo, que cada dia compreendo melhor quão insensato é vivermos a julgar os outros. De minha parte, tenho tanto que fazer para modificar-me a mim mesmo, tanto esforço a despender para acalmar as tempestades do meu coração!... Ah! eu deixarei de bom grado que os outros façam o que bem entendam, contanto que eles me deixem fazer o mesmo.

O que mais me irrita são as odiosas distinções sociais. Reconheço, melhor do que ninguém, a diferença de condições e as vantagens que a mim mesmo delas decorrem; desejava, entretanto, que elas não me embaraçassem o caminho precisamente no ponto em que ainda me seria possível fruir na terra um pouco de prazer, um raiozinho de felicidade.

Ultimamente, achando-me a passear, travei relações com a senhorita de B..., criatura amável e que conserva muita naturalidade em meio dos seus hábitos grã-finos. Palestramos, interessamos um ao outro, e, ao nos despedirmos, pedi-lhe permissão para visitá-la. Ela acedeu com tanta franqueza, que aproveitei o primeiro momento azado para ir vê-la. Devo dizer que ela não é daqui e está hospedada em casa de uma velha tia. A cara desta última não me agradou absolutamente; contudo, tive para com ela muitas atenções, dirigi-me sempre de preferência a ela e, em menos de meia hora, compreendi o que mais tarde a sobrinha me confessou: que a pobre tia se encontrava despojada de tudo em sua velhice, não possuindo fortuna nem espírito, não tendo em que apoiar-se a não ser à sua genealogia, outro refúgio a não ser a classe onde se atocaia como numa trincheira, nem outro prazer senão o de olhar de alto a burguesia. Conta-se que foi bela em sua juventude e que estragou, com uma série de loucuras, a sua existência. Começou por desgraçar com os seus caprichos vários jovens; depois, já um pouco madurona, teve de humilhar-se ao jugo de um velho oficial que, em troca da sua obediência e uma renda razoável, consentiu em passar junto dela a idade de bronze. Esse oficial morreu, e agora, tendo chegado à idade de ferro, ela se encontra inteiramente só. Ninguém lhe ligaria a mínima importância se sua sobrinha não fosse tão amável.

8 de Janeiro de 1772

Que gente esta, cuja alma está inteiramente amarrada à etiqueta, aplicando, durante anos, todos os seus pensamentos e esforços a manter-se rigidamente à mesa! E não fazem isso porque nada mais tenham em que ocupar-se; ao contrário, o trabalho acumula-se precisamente porque um mundo de dificuldadezinhas impede a marcha dos negócios sérios. Na última semana, surgiram várias querelas durante uma corrida de trenós, estragando completamente a festa.

Esses insensatos não vêem que o cargo não tem a mínima importância, porquanto aquele mesmo que ocupa o primeiro lugar tão raramente desempenha o principal papel! Quantos reis são governados pelo seu ministro e quantos ministros são governados pelo seu secretário! Quem é então o primeiro? Ao que me parece, aquele que, vendo mais longe do que todos nós, é bastante poderoso, ou bastante fino, para dirigir as nossas faculdades e as nossas paixões no sentido da realização dos seus desígnios.

Janeiro, 20

Minha querida Carlota, é preciso que eu lhe escreva esta carta; faço-o num pobre albergue de campo onde procurei abrigo contra o mau tempo. Também, durante o longo período em que errei sem destino nesta tristonha e feia vila de D..., em meio a uma multidão de estranhos completamente estranhos ao meu coração, não tive um único momento em que o meu coração me impelisse a escrever-lhe. Aqui, nesta cabana estreita e solitária onde a neve e as saraivadas se enfurecem contra a pequena janela, o meu primeiro pensamento foi para você. Ao entrar nesta casinha, a sua imagem, a sua lembrança, Carlota, tomaram conta de mim, penetraram-me de uma tão santa, de uma tão ardente emoção! Louvado seja Deus, pela primeira vez encontro um momento de felicidade!

Se você me visse, minha amiga, naquele turbilhão de distrações! Se você pudesse ver como tudo em mim se tornou árido e seco! Um só momento experimentei a plenitude do coração, provei uma hora de felicidade! Nada, nada! Pareceu-me que estava diante de uma caixa de surpresas vendo desfilar os pequenos bonecos sobre os seus cavalinhos, e cheguei, por vezes, a perguntar-me se tudo aquilo não era uma ilusão de ótica. Desempenho também o meu papel, ou antes, deixo que me manobrem como se manobram os fantoches; às vezes, pego a mão de madeira do meu vizinho e recuo horrorizado. À noite, prometo-me o prazer de assistir o raiar do sol e depois não me decido a deixar o leito; durante o dia, espero rejubilar-me com o luar e, afinal, permaneço no meu quarto. Não sei por que me deito e por que me levanto.

Falta-me o fermento que dava sabor à minha vida, o encantamento que me despertava alta noite; aquilo que pela manhã me arrancava ao sono, desvaneceu-se para mim.

Encontrei aqui um único ser que merece o nome de mulher: é a senhorita de B... Ela se parece com você, minha querida Carlota, se é possível alguém parecer-se com você. "Hein! — dirá você — Deu ele agora para fazer gracinhas a meu respeito!" Não digo senão a verdade pura. De tempos a esta parte, tornei-me muito amável, não me sendo possível ser o contrário; mostro-me cheio de espírito e as senhoras dizem que ninguém é capaz de louvar tão finamente como eu (acrescente: e a mentir; porque não pode ser de outra maneira, você entende!). Quero, porém, falar-lhe da senhorita de B... Ela tem uma bela alma que se reflete inteiramente nos seus olhos azuis. A sociedade em que vive é-lhe um fardo pesado, porque não satisfaz a nenhum dos pendores do seu coração. Ela aspira a sair desse caos, e nós passamos horas inteiras, em imaginação, entre as cenas campestres onde reina uma felicidade sem mácula; onde você vive, ai de mim! Quantas vezes eu a obrigo a render homenagem a você! Mas, não; ela faz isso espontaneamente e gosta muito de ouvir falar a seu respeito, ela ama você, querida Carlota...

Oh! Não poder estar a seus pés, neste pequeno quarto tão aconchegado, com as nossas crianças queridíssimas rolando em torno de mim! Se você acha que eles se tornam muito barulhentos, eu os juntarei em círculo e mantê-los-ei tranqüilos contando-lhes algum conto bem fantástico e terrível.

O sol tomba, radioso, sobre a campina faiscante de neve; a tempestade dissipou-se e eu... Adeus! Alberto está junto de você? Como?... Que Deus me perdoe esta pergunta!

Fevereiro, 8

Há oito dias que faz um tempo abominável e isto me encanta, porque, desde que aqui cheguei, não houve um belo dia que alguém não me tenha envenenado ou transtornado, ao passo que, se chove a cântaros, se neva, se há gelo e degelo, digo a mim mesmo: "Bem! Não poderá ser pior aqui dentro do que lá fora", ou vice e versa, e tomo o meu partido. Quando, pela manhã, o raiar do sol promete um belo tempo, não posso conter esta exclamação: "Eis ainda uma dádiva do Céu que eles vão se disputar uns aos outros!" Tudo serve de pretexto para se espoliarem: saúde, nomeada, contentamento, repouso! Quase sempre, é por estupidez, falta de julgamento, estreiteza de espírito, e, a dar-lhes crédito, fazem tudo isso com a melhor das intenções. Quantas vezes eu tenho vontade de pedir-lhes, de joelhos, que não rasguem as entranhas com tamanho furor.

Fevereiro, 17

Temo que nós, eu e o embaixador, não possamos trabalhar juntos por muito tempo. Este homem é absolutamente insuportável. Seu modo de trabalho e de conduzir os negócios é de tal modo ridículo, que me vejo forçado a contraditá-lo e, quase sempre, a fazer as coisas a meu jeito. Isto, naturalmente, não pode satisfazê-lo. Ultimamente, ele deu parte à Corte, a respeito da minha conduta; o ministro fez-me uma reprimenda, delicada, é verdade, mas em todo o caso, uma reprimenda. Estava, já, a pique de pedir minha demissão quando recebo uma carta particular que me fez cair de joelhos ante a elevação, a nobreza e a docilidade do seu espírito[1]. Como censura os excessos da minha susceptibilidade! Minhas idéias exaltadas sobre a ação, o desejo de influir nos outros, a ambição de galgar um posto mais alto nos negócios públicos, é verdade que considera tudo isso louvável num moço e não procura destruí-las; esforça-se, porém, por moderar e guiar essa energia numa direção proveitosa e de efeitos benéficos. Assim, eis-me reconfortado por oito dias e reconciliado comigo mesmo. Não há tesouro comparável à paz de espírito e estar a gente satisfeito consigo próprio! Ah! meu caro amigo, se esta alegria não fosse tão fugaz quanto é bela e preciosa!

Fevereiro, 20

Que Deus vos abençoe, meus queridos amigos! Que Ele vos conceda os dias felizes que me recusa!

Alberto, agradeço-lhe o me haver iludido. Esperava a comunicação do dia marcado para as suas núpcias e havia resolvido que, nesse dia, a silhueta de Carlota seria solenemente retirada da parede e guardada com outros papéis. E agora, já unidos, o retrato ali continua ainda! Neste caso, ali permanecerá! Por que não? Sei que vivo também junto de vós, e no coração de Carlota, sem que isso moleste a você: sei, mesmo, que tenho ali o segundo lugar e quero, devo conservá-lo. Oh! Eu enlouqueceria se ela viesse a esquecer... Alberto, este pensamento é um inferno! Adeus, Alberto!... Anjo do céu, adeus! Adeus, Carlota!

---

1. Em respeito a esse homem eminente, suprimimos aqui a carta mencionada, bem como outra a que faremos referência um pouco adiante, pois não podemos acreditar que mesmo o reconhecimento público justifique uma tal ousadia.

Março, 15

Acabo de sofrer uma afronta que me fará sair daqui. Ranjo os dentes, só de pensá-lo! Maldição! A coisa é irreparável e vocês, só vocês são os causadores, vocês que me empurraram, acicataram, perseguiram, para obrigar-me a ocupar um posto que não me convinha. Sofro aquilo que merecia! E vocês também! E não me venham dizer que são as minhas idéias extravagantes que estragaram tudo! Eis, meu caro senhor, um relato simples e claro, tal como poderia fazê-lo um cronista.

O conde de C... estima-me e distingue. Todos sabem isso e já o disse cem vezes. Ontem, jantei na casa dele, precisamente no dia em que se reúnem lá, para passar a noite, os senhores e as damas da nobreza. Não pensei nisso e, mais sequer me ocorreu que para nós, os subalternos, aquele não é o nosso lugar. Pois bem; jantei com o conde e, ao deixar a mesa, ficamos a passear de um canto a outro do salão. Eu conversava com o conde e o coronel B..., que naquele meio tempo havia chegado. Aproximava-se a hora da reunião e eu, só Deus sabe se eu pensava nalguma coisa! Nisto aparece a imensa e poderosa senhora de S..., acompanhada do senhor seu marido e a idiota da filha de peito chato e cintura fina, graças ao corpete. Passam por mim arrebitando o nariz e olhando de alto, desdenhosamente, como compete a tão altas personagens. Como toda essa raça me é cordialmente antipática, fui despedir-me e estava à espera do momento em que o conde se livrasse da maçadora parolagem de tais criaturas, quando surge a senhorita de B... Ao vê-la, sinto sempre o coração um pouco alvoroçado. Resolvi demorar-me, então, colocando-me atrás da sua cadeira, mas só ao cabo de algum tempo notei que não me falava com a sua habitual franqueza, mas com um ar um tanto embaraçado. Isso chocou-me. "Então ela será como toda essa gente?" pensei com os meus botões. Ofendido, resolvi retirar-me e, no entanto, não o fiz logo, porque queria justificá-la, porque me supunha enganado, porque esperava ainda receber dela uma palavra amável... Enfim, o que você quiser. Entretanto, o salão regurgitava. O barão F..., envergando todo um guarda-roupa do tempo da coroação do Imperador Francisco I, o conselheiro áulico R... (intitulam-no, aqui, em respeito pelas suas funções, Senhor de R...) acompanhado de sua surdíssima cara-metade, etc., sem faltar o J..., tão ridiculamente vestido, e que costuma reparar os rasgões do seu traje gótico por meio de retalhos da última moda. Toda essa gente ia chegando aos cardumes. Procuro trocar palavras com alguns personagens das minhas relações e todos se mostram lacônicos. Abstraindo-me dessa gente, convergi minha atenção para a senhorita de B... Sequer notei que as damas sentadas na outra extremidade da salão falavam uma na orelha da outra, que esses cochichos circulavam entre os cavalheiros, que a senhora de S... entretinha-se com o conde; foi a senhorita de B... quem, mais tarde, me contou tudo isso. Afinal, o conde dirigiu-se a mim e levou-me para o vão de uma janela, dizendo-me:

— Você conhece as nossos costumes. Perceba que a sociedade, se mostra descontente por causa da sua presença. Não quero, de modo nenhum...

— Excelência, — interrompi eu — peço-lhe mil perdões. Devia pensar logo nisso, mas estou certo de que Vossa Excelência me há-de perdoar. Tive intenção de me retirar imediatamente, mas um mau fado me reteve aqui — acrescentei, sorrindo e inclinando-me.

O conde apertou-me a mão com uma emoção que dizia tudo. Safei-me suavemente daquela ilustre companhia, tomei o cabriolé e mandei que tocasse para M..., a fim de assistir, do alto da colina, o pôr-do-sol, lendo no meu Homero o canto magnífico onde Ulisses é hospedado pelo excelente porqueiro. Até ali, tudo foi muito bem.

Voltei à noite para cear. Na sala do hotel, havia apenas algumas pessoas que jogavam os dados ao canto da mesa. Nisto, chega o irrepreensível A..., coloca o chapéu no cabide, sem tirar os olhos de mim, aproxima-se e segreda-me:

— Você teve algum aborrecimento?

— Eu?

— O conde pediu a você que se retirasse da sociedade.

— Que a sociedade vá para o diabo! — exclamei — Para mim foi melhor ir tomar um pouco de ar.

— Tanto melhor se você não leva a coisa demasiado a sério; mas, o que me desgosta é que todo mundo já sabe disso.

Só então comecei a sentir um certo despeito. Cada vez que alguém, chegando para a ceia, olhava para mim, eu pensava: "É por causa do tal negócio", e isso me fazia ferver o sangue.

E a coisa é bem pior: aonde quer que eu vá, todos me deploram. Sei que os invejosos triunfam e dizem: "é o que acontece a esses presunçosos que se jactam de possuir um pouco de espírito, julgando-se, por isso, acima das boas conveniências..." e outras malditas mexeriquices... É da gente enterrar um punhal no coração, porque é bom falar em independência de caráter; queria, no entanto, ver alguém capaz de ouvir, sem ligar a mínima importância, o que dizem os patifes a seu respeito. Quando o que eles propalam não tem fundamento, aí sim, a gente pode deixá-los latir à vontade.

Março, 16

Tudo conspira para exasperar-me. Hoje, encontrando a senhorita de B... na alameda onde costumo fazer o meu passeio, não me contive e falei-lhe, isolando-a das outras pessoas, para exprimir-lhe o quanto me havia magoado a sua conduta de outro dia.

— O' Werther! — respondeu ela com uma voz profundamente emocionada — Você foi capaz de interpretar assim a minha atrapalhação? Quanto eu sofri por sua causa desde o momento em que entrei na sala! Eu previa tudo quanto aconteceu e estive, várias vezes, com as palavras nos lábios para avisá-lo. Eu sabia que as senhoras de S... e de T..., bem como os seus maridos, teriam preferido retirar-se a permanecer em sua companhia; sabia que o conde não pode inimizar-se com essa gente, e, no entanto, quanto barulho surgiu por causa disso!

— Que quer você dizer? — perguntei-lhe, fingindo surpresa, porque, ao lembrar tudo quanto o Adelino me disse anteontem, sinto ainda o sangue ferver-me nas veias.

— Se você soubesse o que isso me tem custado! prosseguiu a amável senhorita de B..., com lágrimas nos olhos.

Quase que perdi o domínio de mim mesmo e atirei-me aos pés daquela excelente criatura:

— Conte tudo, por favor! — exclamei.

As lágrimas corriam-lhe nas faces; eu estava fora de mim. Ela as enxugou, sem procurar ocultá-las.

— Você conhece a minha tia, que assistiu a tudo e com que olhos! Werther, ontem à noite e ainda esta manhã, ela me fez um sermão por causa da minha amizade por você. Tive que ouvir detratá-lo, humilhá-lo, e não podia, não ousava defendê-lo senão por meias palavras!

Cada uma das suas palavras penetrava-me no coração como uma punhalada. Ela não sentiu que, ao menos por piedade, devia calar tudo aquilo, e continuou a explicar como ainda glosam o incidente, como certas pessoas se mostram triunfantes, como há quem malignamente se rejubile por me ver punido pela atitude presumida e desdenhosa que há muito me vinham censurando. Ó Wilhelm, ouvir tudo isso daquela boca e no tom da mais sincera simpatia!... Fiquei transtornado e tenho ainda o coração cheio de ódio. Queria que alguém ousasse repetir-me tudo isso para atravessar-lhe a minha espada de lado a lado, porque só o sangue poderá acalmar-me. Oh! Cem vezes já peguei do punhal para livrar meu coração do peso que o esmaga. Conta-se que há uma briosa espécie de cavalos que, perseguidos, quando se vêem demasiadamente excitados, têm o instinto de abrir uma veia com os dentes para não rebentarem sufocados. Sinto às vezes vontade de fazer o mesmo: abrir uma veia e conquistar assim, para sempre, a liberdade.

Março, 24

Apresentei minha demissão à Corte, esperando que. ela seja aceita, e você há-de perdoar-me não haver previamente solicitado a sua permissão. É preciso que eu parta. Sei tudo quanto você tem a dizer para persuadir-me a ficar; assim...

Procure suavizar perante minha mãe esta notícia desagradável! Nada posso fazer em meu benefício e, neste caso, é preciso que ela se resigne a isto de que nada posso fazer em benefício dela. Bem sei que isto lhe será doloroso. Ver seu filho arrepiar carreira, logo aos primeiros passos que deviam levá-lo ao Conselho Privado ou a uma Embaixada!

Dê você a tudo isso o nome que quiser, procure combinar todas as circunstâncias que me permitam voltar atrás; agora é tarde e eu devo partir. Para que você saiba para onde eu vou, informo-lhe que há aqui um príncipe de ***, que gosta muito da minha companhia. Logo que soube da minha resolução, pediu-me que fosse com ele passar a primavera em suas terras. Prometeu-me que lá ficarei inteiramente à vontade; e, como nós nos entendemos perfeitamente, até certo ponto, vou arriscar a sorte.

Abril, 19

Agradeço-lhe as duas cartas. Não as respondi porque retive esta até receber da Corte a minha exoneração. Temi que minha mãe se dirigisse ao Ministro, criando obstáculos ao meu desígnio. Eis, porém, que tudo está consumado, a exoneração chegou! Não quero dizer-lhe com que pesar me foi ela concedida, nem o que foi que o Ministro me escreveu, porque você era bem capaz de explodir. O príncipe herdeiro, como lembrança, enviou-me vinte e cinco ducados acompanhados de algumas palavras que me comoveram até às lágrimas. Não tenho, pois, mais necessidade do dinheiro que, na última carta, pedi à minha mãe.

Maio, 5

Partirei amanhã. Como a minha vila natal está apenas a seis milhas do caminho por onde seguirei, quero revê-la e recordar os dias felizes que se perderam no sonho. Entrarei pela mesma porta por onde saí de carro com a minha mãe, quando, depois da morte de meu pai, ela deixou esses lugares tão queridos, tão familiares, para encerrar-se na sua vila insuportável. Adeus, Wilhelm! Você receberá notícias da minha jornada.

Maio, 9

Realizei minha peregrinação ao lugar onde nasci com a devoção de um verdadeiro peregrino e vi-me presa de mil sentimentos inesperados. Ao chegar à grande tília que se ergue a um quarto de légua da vila, na estrada de S..., mandei parar o carro, desci e disse ao postilhão que continuasse a viagem. Segui a pé a fim de saborear cada impressão, renovar cada lembrança, deixando-me guiar pelo coração.

Parei embaixo da tília que fora, na minha infância, o motivo e o termo dos meus passeios. Como tudo está mudado! Então, na minha feliz ignorância, desejava lançar-me no mundo desconhecido para proporcionar ao meu coração tantas alegrias que deveriam enchê-lo e satisfazer as suas impacientes aspirações! Eis-me de regresso desse vasto mundo... Ó meu amigo, quantas esperanças falhadas e quantos projetos destruídos!

Vejo altear-se diante de mim as montanhas para as quais tantas vezes me senti atraído! Cheguei a ficar neste lugar horas inteiras, desejando ardentemente transportar-me até lá, mergulhando com toda a minha alma naquelas, florestas, naqueles vales que, tão cheios de estranha sedução, envolvidos pelos véus vaporosos, se ofereciam aos meus olhos! E, quando era chegada a hora de regressar à casa, com que tristeza eu me afastava deste lugar querido!

Rumei para a vila, saudando todas as casinhas cercadas de jardins, os mesmos do meu tempo. Os novos me desagradam, bem como todas as modificações que observo. Transpus a entrada da vila e encontrei-me comigo mesmo. Meu caro Wilhelm, não quero nem devo entrar em maiores detalhes, que seriam monótonos neste relato, embora cheios de encantos para mim. Deliberei hospedar-me na praça do Mercado, perto da nossa antiga casa. Ao chegar ali, notei que a sala da escola, onde uma boa velhota nos reunia, em nossa infância, como carneiros encurralados, tinha sido convertida numa loja. Recordei as agitações, as lágrimas, o acabrunhamento de espírito, as aperturas de coração que suportei naquele buraco... Não dou um passo sem encontrar qualquer coisa que me chame a atenção. A um peregrino, na Terra-Santa, não se lhe deparam tantos lugares sagrados pelas piedosas lembranças, e sua alma não se enche de tantas e tão santas emoções...

Ainda um exemplo entre mil. Desci, margeando o riacho, até uma certa granja, caminho que eu seguia outrora, e pude rever o local onde disputava, com os outros garotos, a ver quem fazia maior número de ricochetes à superfície das águas. Como vivamente me lembrei das horas que ali passei vendo correr a água, seguindo-a em espírito e cheia de estranhos pressentimentos, engendrando idéias maravilhosas a respeito das regiões para as quais ela se dirigia! Minha imaginação se dilatava para além dessas regiões. estirando-se para mais longe, sempre mais longe, até perder-me na contemplação da distância invisível! Veja, meu caro amigo, que os nossos ancestrais eram completamente limitados, mas completamente felizes, e os seus sentimentos e a sua poesia apresentavam certa ingenuidade infantil. Quando Ulisses fala do mar incomensurável e da terra sem fronteiras, como estas palavras são verdadeiras, humanas, profundas, misteriosas! De que me serve poder dizer hoje, com todos os colegiais, que a terra é redonda? Para ser feliz, poucas palavras bastam ao homem, menor número ainda é preciso para que ele encontre repouso.

Eis-me, neste momento, no castelo de caça do príncipe. Estou vivendo até agora em ótimas condições com esse senhor, homem sincero e simples, embora o veja cercado de gente que me parece um tanto singular e não chego a compreender. Se não têm ar de patifes, também não posso dizer que apresentem o aspecto de pessoas honestas. Há dias em que me parecem criaturas direitas e, no entanto, não posso confiar nelas. O aborrecido em tudo isso é que o príncipe fala sempre de coisas que só conhece por ouvir dizer, ou através de leituras, mas adotando exatamente o ponto de vista que lhe impingem.

Quanto ao resto, ele gosta mais da minha inteligência e dos meus talentos do que do meu coração, a única coisa, entretanto, de que sou cioso e que é a fonte da minha força, da minha felicidade e de todo o meu sofrimento. Ah! o que eu sei, todos podem saber; meu coração, porém, só eu, mais ninguém, pode possuí-lo.

Maio, 25

Tenho uma idéia que não queria transmitir a você enquanto não a pusesse em prática; agora, não sendo mais possível, posso dizê-la. Eu queria fazer-me soldado; há muito que trago isso no coração, motivo por que acompanhei o príncipe, que é general ao serviço de ***. Durante um passeio, revelei-lhe o meu desígnio e ele dissuadiu-me. Teria sido preciso que se tratasse de uma verdadeira paixão, e não de uma fantasia, para que eu deixasse de ouvir as suas razões.

Julho, 11

Diga você o que quiser: não posso ficar mais aqui. onde nada tenho a fazer e o tédio toma conta de mim. O príncipe trata-me o melhor possível, mas sinto-me deslocado. No fundo, eu e ele nada temos de comum. É um homem inteligente, mas de uma inteligência vulgar; sua conversação não chega a interessar-me mais do que me interessaria a leitura de um livro bem escrito. Ficarei aqui ainda oito dias e, depois, prosseguirei na minha vida errante. O que me tem valido são os desenhos. O príncipe não é destituído de sentimento artístico, mas esse sentimento seria ainda mais pronunciado se o não entravasse o hábito detestável das fórmulas científicas e dos termos consagrados. Sempre (e isto me enche de desespero) que eu emprego todo o ardor da minha imaginação para fazê-la percorrer os domínios da natureza e da arte, ele supõe embasbacar-me atravancando o caminho com alguma expressão técnica bem estampilhada.

Julho, 16

Sim, nada mais sou do que um viajante, um peregrino sobre a terra! E você é alguma coisa mais do que isso?

Julho, 18

O lugar para onde espero ir? Digo-lhe muito confidencialmente: preciso ficar aqui ainda uns quinze dias; depois, quer me parecer que deverei visita as minas de ***. No fundo, não é nada disso: o que eu quero é aproximar-me de Carlota, eis tudo.

Rio-me do meu coração... e só faço o que ele quer.

Julho, 29

Não; está bem, perfeitamente bem!... Eu casado com ela! Ó Deus que me criastes, se me houvésseis concedido uma tal felicidade, toda a minha vida seria uma prece contínua! Não quero disputar contra vós; perdoai-me estas lágrimas, perdoai-me estes desejos inúteis!... Ela, minha esposa, apertar nos meus braços o ser mais adorável que o céu cobre! Wilhelm, estremeço da cabeça aos pés quando o braço de Alberto envolve sua cintura esbelta.

Ser-me-á permitido dizê-lo? Por que não, Wilhelm? Ela teria sido mais feliz comigo do que com ele! Oh! Ele não é o homem capaz de satisfazer todos os desejos do seu coração! Uma certa falta de sensibilidade, certa falta... Pense o que você quiser... Certa falta daquilo que faz com que nossos corações batam em certas passagens de um livro predileto, encontrando-se e confundindo-se no mesmo ritmo; e, ainda, em mil outras ocasiões quando acontece expressarmos os nossos sentimentos a respeito de uma terceira pessoa... Querido Wilhelm... É verdade que ele a ama com todas as veras da alma, e quem não lhe tributaria esse mesmo amor?

Fui interrompido por um importuno. Minhas lágrimas secaram e consegui distrair-me. Adeus, meu amigo!

Agosto, 4

Não sou eu o único a quem tais coisas acontecem. Todos os homens sofrem decepções em suas esperanças.

Fui visitar a excelente mulher da tília. O mais velho dos meninos correu ao meu encontro e seus gritos de alegria atraíram sua mãe, que parecia muito abatida e foi dizendo logo:

— Ah! Meu caro senhor, o meu Joãozinho morreu!
Era o seu filho mais novo. Calei-me e ela prosseguiu:
— E meu marido voltou da Suíça com as mãos vazias.
Se não fosse algumas almas caridosas, ele teria feito
a jornada como mendigo, pois além de tudo apanhou a
febre.

Nada pude dizer-lhe. Fiz um presente à criança e a
pobre mulher pediu-me que aceitasse algumas maçãs.
Despedi-me cheio de tristes recordações.

Agosto, 21

Num abrir e fechar de olhos, sinto-me inteiramente
mudado. Por vezes um raio de felicidade me envolve
todo, ai de mim; porém, não dura muito! Quando mergulho, assim, nos meus sonhos, luto contra este pensamento: "Que aconteceria se Alberto morresse? Você poderá... Sim, ela tornar-se-á..." E desando a perseguir essa
quimera até que ela me conduza a abismos de onde recuo espavorido.

Quando deixo a vila, tomando o caminho que fiz pela
primeira vez, de carro, no dia em que fui buscar Carlota
para conduzi-la ao baile, penso como tudo então era diferente!

Tudo, sim, tudo desapareceu! Nenhum vestígio subsiste desse mundo de outrora, nenhuma batida de coração que renove em mim os sentimentos daquela época!
Sinto o que sentiria um fantasma ao contemplar em ruínas o palácio que habitou quando era um soberano opulento, palácio que guarnecera de todos os mimos da
magnificência e, ao morrer, havia legado, cheio de esperança, ao filho querido.

Setembro, 3

Não compreendo que outro a ame, que outro tenha o direito de amar essa criatura, quando eu a amo, eu somente, de um amor tão ardente, tão completo! Quando não conheço ninguém, não sei nada, não possuo outra coisa a não ser Carlota!

Setembro, 4

Sim, é isso mesmo! Assim como a natureza se inclina para o outono, também o outono vive dentro de mim e em torno de mim. As folhas da minha alma vão amarelecendo, enquanto as folhas das árvores vizinhas tombam.

Não falei a você, um dia, no começo da minha estada aqui, do encontro com um jovem aldeão? Agora, ao perguntar notícias dele, em Wahlheim, disseram-me que foi despedido do emprego e ninguém pôde informar-me o que faz. Ontem, encontrei-o por acaso na estrada de uma outra aldeia, abordei-o e ele contou-me sua história, que me comoveu intensamente, como você verá. Mas, que importa a você tudo isso? Por que não calarei o que me inquieta e entristece? Por que devo afligi-lo também, fornecendo-lhe constantemente ensejo de me lastimar e repreender?... Pois bem, assim seja. Também isto talvez faça parte do meu destino.

Foi, a princípio, com uma calma cheia de melancolia, na qual adivinhei um pouco de temor, que o moço respondeu às minhas perguntas; pouco depois, saindo da sua reserva, como se despertasse de repente e me reconhecesse, confessou-me as suas faltas e narrou-me o seu infortúnio. Se eu pudesse, meu amigo, submeter-lhe como a um juiz cada uma dessas palavras!

Contou-me ele, ao que parece achando certa alegria e felicidade em recordar-se de tudo, que a paixão pela sua patroa aumentava, dia a dia, de sorte que, por fim, não sabia mais, para repetir suas próprias palavras, onde tinha a cabeça. Não podia mais comer, nem beber, nem dormir; no seu estado de angústia, fazia tudo ao contrário e esquecia as ordens que lhe davam. Era como se estivesse possuído de um mau espírito. Afinal, um dia, sabendo que ela se achava num quarto do andar superior, foi procurá-la, ou por outra, sentiu-se atraído para ela. Repelido em suas declarações, quis violentá-la. Não sabe como isso aconteceu. Toma Deus em testemunho de suas intenções honestas: o que desejava, e desejava-o ardentemente, era desposá-la e passar junto dela o resto da vida. Depois de falar algum tempo, calou-se subitamente como um homem que tem ainda alguma coisa a dizer, mas não ousa. Por fim, confessou-me com a mesma timidez as familiaridadezinhas que ela lhe permitiu e a intimidade que acabou por autorizar entre ambos.

Por duas ou três vezes ele se interrompeu, protestando vivamente que não dizia isso para "desprezá-la", que a ama e estima como antes, que nada do que me contou havia contado a outrem, que me dissera tudo para convencer-me que de modo algum é um homem perverso ou insensato... E neste ponto, meu amigo, volto ao meu refrão para dizer-lhe imediatamente: Lamento não poder pintar esse homem tal como o vi diante de mim, tal como o vejo ainda! Lamento não poder exprimir tudo quanto me falou de modo a fazer com que você sinta por que participo, sou forçado a participar da sua sorte! Basta, porém! Você conhece a minha sina, conhece-me bem a mim mesmo; você conhece, pois, perfeitamente, o que me atrai, em todos os infelizes, e neste infeliz em particular.

Relendo esta página, vejo que me esqueci de contar o fim da história, aliás fácil de imaginar. A mulher defendeu-se, o irmão correu em seu socorro. Este último odiava o rapaz e desejava vê-lo despedido da casa, temendo que a irmã, por um segundo casamento, arrebatasse a herança dos seus filhos, dele, irmão, visto que ela não tem filhos. Não só expulsou o rapaz imediatamente, como fez um tal escândalo sobre o caso que a viúva não poderia, mesmo que quisesse, retê-lo a seu serviço.

Agora, ela tem um novo empregado que, segundo dizem, também dá motivo a rusgas entre essa mulher e o irmão. Garante-se que ela o desposará; mas o outro declarou-me que está firmemente resolvido a não consentir que isso aconteça, enquanto viver.

Nesse relato, nada exagerei, não procurei, mesmo, ser delicado; e, no entanto, é possível que tenha sido bastante infiel, e possivelmente grosseiro, embora servindo-me de expressões consagradas em nossa linguagem polida.

Assim, esse amor, essa fidelidade, essa paixão, estão longe de ser uma ficção poética! O amor existe e palpita em sua grande pureza entre os homens da classe que nós chamamos inculta e grosseira, nós, a gente cultivada... dessorada e reduzida a coisa alguma pela cultura! Leia essa história com toda unção, peço-lhe. Sinto-me hoje tranqüilo, por havê-la escrito; repare que a minha letra não está desordenada e garatujada como de ordinário. Leia, meu caro Wilhelm, e pense, lendo isso, que é a história do seu amigo! Sim, eis o que me aconteceu e o que me acontecerá, e não sou, sequer por sonhos, tão honesto e tão decidido como esse infortunado, com o qual apenas ouso comparar-me.

Setembro, 5

Ela acabava de escrever ao esposo, retido no campo por causa de uns negócios, um bilhete que começa assim: "Meu melhor, meu queridíssimo amigo, venha logo que puder! Eu o espero com uma alegria extrema..." Nisto entra um amigo, trazendo o recado de que Alberto ainda se demoraria por algum tempo. O bilhete não foi enviado e, à tarde, caiu-me sob os olhos. Li aquelas palavras e sorri; ela perguntou-me por que eu ria e não pude deixar de exclamar:

— Que dom divino é a imaginação! Por alguns momentos pareceu-me que essas palavras tinham sido escritas por mim!

Ela interrompeu a conversa e mostrou-se agastada. Calei-me.

Setembro, 6

Foi com grande pesar que tive de pôr de lado como imprestável, o fraque azul que eu envergava quando dancei pela primeira vez com Carlota. Mandei, porém, fazer outro exatamente igual, mesma gola, mesmo forro, colete e culote amarelos.

Entretanto, tudo isso não me produz o mesmo efeito. Não sei... Espero que com o tempo esta roupa se torne para mim tão querida como a outra.

Setembro, 12

Ela esteve ausente, por alguns dias, para ir ao encontro de Alberto. Hoje, tendo ido vê-la, saiu ao meu encontro e beijei-lhe a mão com arrebatamento.

Um canário, voando do espelho, veio pousar no seu ombro.

— Um novo amigo! — disse-me ela, fazendo-o pousar na palma da mão, por meio de agrados — É para as crianças. Veja como é carinhoso! Quando lhe dou migalhas de pão, dá umas bicadinhas tão delicadas, batendo as asas! Veja como me beija!

Ela mimou a avizinha com a boca e a canário insinuou-se gracilmente entre seus lábios, sedutores, como que experimentando uma ternura infinita.

— Vai beijar você também — disse-me ela estendendo-me o canário. O pequeno bico passou da sua para a minha boca, e as bicadas deram-me a sensação de um sopro, qualquer coisa de prelibação voluptuosa.

— O seu beijo — disse eu — não é de todo desinteressado; ele está à procura de alimento e esta carícia inútil vai desapontá-lo.

— Ele come na minha boca.

E, colocando algumas migalhas nos lábios, que desabrocharam num sorriso onde havia todas as delícias do amor feliz, da ternura inocente, ofereceu-as ao canário.

Virei a cabeça para não ver aquilo. Ela não deve fazê-lo, excitando a minha imaginação com tais cenas de cândida e celestial felicidade, despertando meu coração que às vezes dorme embalado pela insignificância das coisas deste mundo! E por que não? Se ela confia tanto em mim, é porque sabe quanto a amo!

Setembro, 15

Wilhelm, exaspero-me ao ver como há gente incapaz de compreender e sentir as poucas coisas que ainda têm algum valor sobre a terra. Você conhece as nogueiras sob as quais sentei-me ao lado de Carlota, em casa do digno pastor de St..., nogueiras majestosas cuja visão enche sempre a minha alma do mais vivo prazer. Que sensação de íntimo bem-estar e que frescura elas transmitem ao meu coração! Que galharia soberba! E é preciso notar que suas recordações remontam aos excelentes pastores que as plantaram há tantos anos. O mestre-escola muitas vezes nos repetiu o nome de um deles, nome que lhe foi transmitido pelo avô. Ao que me disse, era um ótimo homem e a sua memória eu a venero sempre que me encontro embaixo dessas árvores.

Ontem, conversando comigo, o mestre-escola tinha os olhos banhados de lágrimas, porque as nogueiras foram abatidas. Abatidas! Sinto-me furioso, sou capaz de matar o animal que deu a primeira machadada. Se eu tivesse no meu pátio duas árvores como aquelas, e uma delas morresse de velhice, a minha tristeza não seria menor, quanto mais... Meu amigo, uma coisa, ao menos, me consola. Veja o que é a sensibilidade humana: a aldeia inteira murmura e conto certo que a esposa do pastor, pelos donativos em manteiga, ovos e outros gêneros, há-de ver como feriu a gente da sua paróquia. Porque a culpada foi ela, foi a mulher do novo pastor (nosso bom velhinho morreu), uma criatura magra e doentia, incapaz de simpatizar com quem quer que seja, e, também, de inspirar simpatia. Tresloucada que se jacta de sabichona, metendo-se a estudar os cânones da Igreja e trabalhando com afinco na reforma crítico-moral do cristianismo, de acordo com a nova moda, dá de ombros e acha Laváter um visionário. Com a saúde completamente arruinada, nenhum prazer encontra ela nesta terra de Deus. Só uma criatura semelhante seria capaz de abater as minhas nogueiras! Veja, é-me impossível readquirir o sangue-frio! Imagine só as folhas mortas sujando e umedecendo o pátio, as ramagens tornando o lugar sombrio, os garotos, quando as nozes estão maduras, atirando pedradas para derrubá-las, tudo isso irrita-lhe os nervos e perturba as profundas meditações a que se entrega para examinar cuidadosamente Kennikot, Semler e Michaelis!

Vendo o descontentamento que reina entre os aldeões, sobretudo entre os velhos, perguntei-lhes: "Por que vocês suportam isso?" Responderam-me: "Aqui quando o prefeito quer uma coisa, que podemos fazer?" Bem feito para o prefeito e o pastor! Eles pretendiam dividir o produto das nogueiras, porquanto desta vez o último procurou tirar algum proveito das extravagâncias da sua mulher, mas a Câmara Municipal soube de tudo e gritou: "Alto lá!" Fazendo valer seus direitos sobre a parte do pátio do presbitério onde cresciam as árvores, vendeu-as a quem apresentou melhor proposta. Elas foram derrubadas! Oh! se eu fosse príncipe, sei bem como havia de tratar a mulher do pastor, o prefeito e a Câmara Municipal... Príncipe!... Sim, muito bem, se eu fosse príncipe, que me importariam as árvores do meu principado?

Outubro, 10

Para que eu seja feliz, basta contemplar seus olhos negros! E, veja você, o que me aborrece é que Alberto não me pareça tão feliz como... esperava, e eu... supunha, se... Não gosto de gastar reticências, mas desta vez não saberia expressar-me de outro modo, e fui bastante claro, ao que me parece.

Outubro, 12

Ossian suplantou Homero no meu coração. Que mundo aquele para onde me leva o poeta sublime! Errar sobre a charneca enquanto sopra em torno o vento tempestuoso que arrasta para as nuvens vaporosas, à pálida luz da lua, os fantasmas dos avós; ouvir nas montanhas, de mistura com o mugido das torrentes que ecoam dentro das florestas, o gemido abafado dos espíritos em suas cavernas, e o pranto da jovem desfalecendo de dor sobre as quatro pedras musgosas que pesam no túmulo do seu bem-amado morto heroicamente! E, depois, encontrar o bardo de cabeça grisalha percorrendo a vasta charneca em busca dos seus ancestrais para descobrir, ai dele, somente os seus túmulos! E quando, então, gemendo de dor, ele ergue o olhar para a doce estrela vespertina que se oculta no mar proceloso, o passado revive em sua alma heróica, passado em que o astro, com os seus raios propícios, ainda iluminava os bravos em meio dos perigos, e a lua derramava a sua luz sobre o navio que regressava vitorioso e enguirlandado. Leio-lhe na fronte a mágoa profunda. Sim, é triste ver esse nobre guerreiro, único sobrevivente da sua raça, caminhar, cansado e vacilante, para a tumba, sentindo a cada momento uma alegria nova, ardente e dolorosa, ao rever as sombras impotentes dos seus mortos; e, baixando o olhar sobre a terra fria, sobre a erva que ondula ao vento, exclamar: "Ó viajante há de voltar, há de retornar aquele que me conheceu em plena mocidade, para perguntar: "Onde está o bardo, o ilustre filho de Fingal?" Seu pé calcará minha sepultura e em vão há de procurar-me sobre a terra!"... Ó meu amigo, eu queria, como um nobre escudeiro, sacar da espada e, com um só golpe, libertar meu príncipe do horroroso suplício de uma vida que outra coisa não é senão a morte prolongada; e, depois, enviar minha alma ao encontro desse semi-deus libertador!

Outubro, 19

Ai de mim! Que vazio horrível sinto em meu peito! Quantas vezes digo a mim mesmo: "Se você pudesse uma vez, ao menos uma vez, apertá-la contra o coração, esse vazio seria preenchido".

Outubro, 26

Sim, meu amigo, para mim, cada vez mais se torna uma certeza que a existência de um ser humano tem muito pouca importância. Como tivesse chegado uma amiga para ver Carlota, retirei-me para o cômodo vizinho a fim de procurar um livro que, aliás, não consegui ler; então, peguei de uma pena e pus-me a escrever. Ouvi que elas conversavam em voz baixa, contando coisas insignificantes, novidades da vila: que esta vai casar-se, que aquela outra está muito doente. "Tem uma tosse seca, os ossos do seu rosto furam a pele, sofre constantes vertigens; não dou nada pela sua vida, dizia a amiga. O senhor N. N. também está muito mal, respondeu Carlota. — E está inchado", acrescentou a outra.

E a minha viva imaginação transportou-me para junto do leito desses desgraçados e vi com que pesar eles abandonavam a vida, como eles... E Wilhelm, aquelas duas jovens falavam deles como se fala... da morte de um estranho. Olho em torno e, vendo por todos os cantos vestidos de Carlota, papéis de Alberto, estes móveis que se me tornaram tão familiares, este tinteiro, digo a mim mesmo: "Veja o que você agora representa nesta casa: tudo para eles! Seus amigos o estimam, você é a sua constante alegria, há de pensar que o seu coração não poderia viver sem eles e, no entanto... se você partisse, se desaparecesse deste círculo, por quanto tempo sentiriam o vazio que a sua perda lhes havia de causar? Por quanto tempo?"... Ah! o homem é tão efêmero, que mesmo onde está verdadeiramente seguro da sua existência, no único lugar em que sua presença produz uma impressão real, ou seja na saudade, no coração daqueles que lhe são caros, mesmo aí deve apagar-se e desaparecer o mais depressa possível!

Outubro, 27

Quantas vezes tenho vontade de rasgar o peito e estourar o crânio vendo que somos tão pouca coisa uns para os outros! Ah! o que trago em mim de amor, alegria, calor e embriaguez, só de mim depende, não me poderá ser dado por outrem; e, o coração transbordando de felicidade, não poderei fazer feliz esse outrem, se ele permanece frio e sem força diante de mim.

Outubro, 27, à tarde.

Tenho-a toda em mim, e o sentimento que experimento por ela absorve tudo. Tenho-a toda em mim, e sem ela tudo é para mim como se não existisse.

Outubro, 30

Já estive cem vezes para atirar-me ao seu pescoço! Deus todo poderoso, vós sabeis o que se sente ao ver tantas seduções, sem ter-se o direito de estender a mão e agarrar tudo que lhes fere os sentidos?... E eu?

Novembro, 3

Só Deus sabe quantas vezes mergulho no sono com a esperança de nunca mais despertar; e, pela manhã, quando arregalo os olhos e torno a ver o sol, sinto-me profundamente infeliz. Oh! se eu pudesse mudar de humor, entregar-me ao tempo, a isto ou àquilo, ao insucesso de uma iniciativa qualquer, ao menos o fardo dos meus aborrecimentos não pesaria tanto. Que desgraçado que sou! Sinto-me perfeitamente o único culpado... Não, não sou culpado, mas é em mim que está a fonte de todos os meus males, como outrora a fonte de toda a minha felicidade. Não serei mais o homem que então nadava num mar de rosas, e a cada passo via surgir um paraíso, e cujo amor era capaz de abranger o mundo inteiro? Mas, o coração que assim pulsava está morto, não produz mais os arrebatamentos de outros tempos; meus olhos, agora secos, não se refrescam mais de lágrimas benfazejas, e a angústia abafa os meus sentidos, contrai e enruga a minha fronte. Aumenta o meu sofrimento verificar que perdi aquilo que fazia o encanto da minha vida: sagrada e tumultuosa força graças à qual podia criar mundos e mundos em torno de mim. Essa força não mais existe! Quando contemplo, da minha janela, o sol matutino rasgar a bruma sobre a colina distante, iluminando a campina silenciosa no fundo do vale, e vejo o riacho tranqüilo correndo para mim e serpenteando entre os salgueiros desfolhados, essa natureza me parece fria e inanimada como uma estampa colorida. Todos esses encantos não me podem fazer subir do coração ao cérebro a menor sensação de felicidade, e todo o meu ser permanece perante Deus como uma fonte estancada, como uma ânfora vazia! Quantas vezes caio de joelhos sobre a terra, implorando de Deus algumas lágrimas, como um semeador implora a chuva, se sobre a sua cabeça o céu é de bronze e, em torno, a terra estala de sede.

Mas, ai de mim, não é a impetuosidade das nossas preces que fará com que Deus conceda a chuva e o sol. E os tempos, de que sinto uma torturante saudade, só eram felizes porque pacientemente eu me confiava ao seu espírito e recebia de todo o coração, com um vivo reconhecimento, as delícias que ele derramava sobre mim.

Novembro, 8

Com que afetuosa doçura ela censurou os meus excessos! Meus excessos consistiram nisto: copo atrás de copo, cheguei a beber uma garrafa de vinho.

— Não faça isso! — disse ela. Pense em Carlota. — Pensar em você! — respondi-lhe. Você precisa mandar que eu pense em você? Penso... Não; não penso ! Você está sempre em minha alma. Hoje, estive sentado no mesmo lugar onde você desceu do carro...

Ela mudou de conversa, para impedir que eu me estendesse muito. Meu amigo, sou um homem perdido! Ela faz de mim o que quer.

Novembro, 15

Obrigado, Wilhelm, pela sua cordial simpatia, pelos seus bem intencionados conselhos. Tranqüilize-se, peço-lhe: Deixe-me esgotar o meu sofrimento! Apesar da minha fadiga, sinto ainda forças para ir até o fim. Como sabe, venero a religião; sinto que é um apoio para muitas almas vacilantes, uma bebida refrigerante para muitas almas sequiosas. Mas... pode ela, deve ela ser isso para todos? Considere o mundo: há milhares de homens para os quais ela não o tem sido, milhares para os quais não o será nunca, quer implorem ou não os seus benefícios. Por que deverá, então, ser para mim? O Filho de Deus, mesmo, não disse que aqueles que "me foram dados pelo Pai serão comigo"? E se eu não figuro entre aqueles que lhe foram dados? E se o Pai quer reservar-me para ele, ao que me diz o coração?... Peço-lhe, não dê a isto uma falsa interpretação e não veja um gracejo nestas palavras inocentes! Abro-lhe aqui toda a minha alma, pois de outro modo eu teria preferido calar-me, porquanto não gosto de gastar minhas palavras sobre assuntos em que cada um é tão ignorante quanto eu. Qual é o destino do homem senão suportar a parte de sofrimento que lhe toca, tragar seu fel até à ultima gota? E se o cálice pareceu demasiadamente amargo aos lábios humanos do Deus celestial, por que me farei eu mais forte do que na realidade sou, fingindo achá-lo doce? E por que envergonhar-me no terrível momento em que todo o meu ser estremece entre a vida e o nada; e o passado, como um clarão, ilumina os tenebrosos abismos do futuro, e tudo em torno de mim, se despedaça, e o mundo inteiro sossobra comigo? É então que a criatura, no último grau do desespero, reduzida às próprias forças e sentindo-as impotentes, vendo-se tombar e não podendo deter-se na queda, grita com uma voz dilacerante vinda do mais profundo do seu ser, que se esgota em vãos esforços para reerguer-se: "Meu Deus, meu Deus, por que me abandonastes?" Poderei envergonhar-me destas palavras e recuar de medo ante o momento do qual não escapou aquele que se envolve nos céus como num manto?

Novembro, 21

Ela não vê, não sente que prepara um veneno que nos põe em perigo a ambos. E eu bebo a longos sorvos, voluptuosamente, na taça fatal que me oferece. Por que me deita ela, tantas vezes, um olhar benevolente? Tantas vezes? Não; mas, enfim, algumas vezes. Por que essa complacência com que acolhe as expressões involuntárias dos meus sentimentos, e a compaixão pelo meu sofrimento que se lê na sua fronte?

Ontem, à hora da partida, ela estendeu-me a mão dizendo: "Adeus, querido Werther!" Querido Werther! É a primeira vez que me chama *querido*, e isso penetrou-me até à medula dos ossos. Repeti isso cem vezes e, à noite, ao deitar-me, falando sozinho de mil coisas, disse de repente: "Boa noite, querido Werther!" E, depois, não pude deixar de rir de mim mesmo.

Novembro, 22

Não posso dizer a Deus: "Fazei com que ela seja minha!" E, no entanto, parece-me, às vezes, que ela me pertence. Não posso dizer: "Fazei com que ela seja minha", porque é de outro. Pilherio com a minha própria dor e, se não tiver mão em mim, serei bem capaz de entoar toda uma litania de antíteses.

Novembro, 24

Ela sente que eu sofro. Hoje, o seu olhar penetrou até o fundo do meu coração. Encontrei-a sozinha. Calei-me, enquanto ela me olhava. Não lhe vi mais a beleza adorável, o esplendor da sua formosa inteligência; tudo isso tinha desaparecido aos meus olhos. O que agia sobre mim era um olhar mais belo, cuja expressão estava cheia da mas profunda simpatia, da mais doce compaixão. Por que não pude tombar a seus pés? Por que não consegui lançar-me ao seu pescoço e dar-lhe a resposta com mil beijos?... Ela refugiou-se no seu cravo, dissimulou com o seu jogo de notas harmoniosas, fazendo-as acompanhar da sua voz suave e murmurejante como o leve perpassar do vento.

Nunca seus lábios me pareceram mais sedutores; dir-se-ia que se abriam para aspirar avidamente os sons dulcíssimos que brotavam do instrumento e aquela boca tão pura devolvia como um eco celestial... Ah! se eu pudesse dizer a você tudo isso como eu o senti! Não resisti mais; inclinando-me, fiz este juramento: "Jamais terei a audácia de imprimir em vós um beijo, ó lábios em que pairam os espíritos do céu!" E, no entanto... eu quero... Ah!, veja você, uma grande muralha se ergue diante da sua alma!... Uma tal felicidade... e, depois, morrer expiando esse pecado... Pecado?

Novembro, 26

Às vezes, digo a mim mesmo: "Seu destino é sem exemplo; você pode estimar àqueles que são felizes, e ninguém foi ainda torturado como você". E, depois, leio qualquer poeta de tempos idos, parecendo que lanço um olhar para dentro do meu próprio coração. Sofro tanto, ai de mim! Teria havido, então, antes de mim, homens tão desgraçados?

Novembro, 30

Está escrito que não poderei recolher-me a mim mesmo. Aonde quer que vá, aí se me há de deparar alguma coisa que me transtorne. O destino, ó humanidade!

Sem disposição para jantar, fui dar um passeio pela beira do riacho, cerca do meio-dia. Tudo estava deserto; um vento de oeste, úmido e frio, soprava, da montanha, e nuvens cinzentas, carregadas de chuva, avançavam sobre o vale. Lobriguei ao longe um homem vestido com uma esfrangalhada roupa verde que ia e vinha, rondando os rochedos, e parecia procurar plantas medicinais. Como eu me tivesse aproximado, ele voltou-se ao ruído dos meus passos e vi uma fisionomia interessante, cujo traço predominante era uma calma tristeza, denunciando, aliás, uma natureza bondosa e honesta. Seus cabelos negros formavam dois rolos fixados por grampos, e o restante uma trança espessa que lhe caía sobre as costas. O traje parecia indicar um homem de condição modesta e, por isso, julguei que não o ofenderia informando-me da sua ocupação. Perguntei-lhe o que é que procurava, e ele respondeu-me:

— Estou procurando flores, e não as encontro.

Repliquei-lhe, sorrindo:

— É que não estamos na estação...

— Há tantas flores! Disse ele descendo para vir ao meu encontro. No meu jardim tenho muitas rosas e duas espécies de trepadeiras: uma foi meu pai quem me deu. Elas brotam como erva daninha, e há dois dias que as procuro sem poder encontrá-las. Lá fora, também, há sempre flores amarelas, azuis, vermelhas, centáureas com suas lindas florinhas, e não consigo encontrar uma única.

Percebi qualquer coisa de extraordinário e, aproveitando uma pausa, perguntei-lhe:

— Que quer você fazer com essas flores?

Um sorriso estranho e convulsivo enrugou-lhe a fisionomia.

— Não devo me trair — disse ele, pondo o dedo nos lábios.

— É que eu prometi um ramalhete à minha boa amiga.

— Muito bem.

— Oh, ela tem muitas outras coisas; é rica.

Repondi-lhe:

— E, no entanto, vai ter também o seu ramalhete?

— Oh! — continuou ele. Ela tem muitas jóias e uma coroa.

— Como se chama ela?

— Se os Estados-Gerais quisessem me pagar — prosseguiu — eu seria outro homem. Sim, houve um tempo em que eu era muito feliz! Agora, acabou-se tudo: eu sou... eu sou...

E, lançando um olhar humilde para o céu, concluiu seu pensamento.

— Então você era feliz? — perguntei-lhe.

— Ah! como eu ainda desejo ser feliz! Eu me sentia tão bem, tão alegre, tão leve como um peixe n´água!

— Henrique! — chamou uma velha mulher que apareceu na estrada. — Henrique! Aonde é que você se meteu? Nós procuramos você por toda a parte! Venha almoçar!

Aproximei-me dela e perguntei:

— É seu filho?

— Sim, é meu pobre filho; Deus me deu uma cruz bem pesada.

— Há quanto tempo ele está nesse estado?

— Há seis meses que ele ficou tranqüilo, louvado seja Deus! Antes, esteve furioso durante um ano inteiro; foi preciso acorrentá-lo num hospital de loucos. Agora, não faz mal a ninguém; somente não se ocupa de outra

115

coisa senão de reis e imperadores. Era um ótimo rapaz, era quem me ajudava, porque tinha uma bela caligrafia. De repente tornou-se melancólico, foi acometido de uma febre, passou a delirar e agora é o que o senhor vê. Se eu pudesse contar ao senhor...

Interrompi aquela torrente de palavras, perguntando:

— Que tempo é esse em que ele pretende ter sido feliz e vivido tão contente?

Ela exclamou com um sorriso de piedade:

— Pobre louco! Ele fala do tempo em que esteve possesso, louvando sem cessar esse tempo. Foi quando passou no hospício uma época sem saber que havia perdido por completo a razão.

Tais palavras caíram sobre mim como um raio; dei à mulher uma moeda de ouro e despedi-me precipitadamente.

"Eis o tempo em que você era feliz! — gritei para mim mesmo, dirigindo-me rapidamente, e em linha reta, rumo à vila — O tempo em que vivia contente como um peixe n' água! Deus do céu, essa deve ser então a sorte que concedeis aos homens, de só torná-los felizes antes de possuírem e depois de haverem perdido a razão? E, no entanto, ó desgraçado, como eu invejo a melancolia e o alheamento de espírito em que você vegeta! Você sai tão cheio de esperança, em pleno inverno, a fim de colher flores para a sua rainha, e aflige-se por não encontrá-las, e não compreende por que não pode encontrá-las. E *eu...* eu saio sem esperança e sem destino, retornando tal como saí... Você imagina o homem que seria se os Estados-Gerais lhe pagassem. Feliz criatura que pode atribuir a ausência da felicidade a um obstáculo terreno! Você não sente que é no seu coração arrumado, no seu cérebro desorganizado que jaz o seu mal, e que todos os reis da terra não poderão curá-los!"

116

Morra de desespero aquele que escarnece de um enfermo pelo fato de o mesmo transportar-se até à fonte longínqua dos seus males, e tornar mais doloroso o fim da sua vida! Morra de desespero aquele que olha desdenhosamente o homem de coração opresso quando, para livrar-se dos seus remorsos e pôr um fim aos sofrimentos da sua alma, empreende uma perseguição ao Santo Sepulcro! Cada passo que ele dá sobre o caminho pedregoso que dilacera seus pés, é uma gota de bálsamo para a sua alma angustiada; e, após cada dia de penosa caminhada, dorme com o coração aliviado de um grande peso... Ousai, vós, chamar a isso uma ilusão, ó bons palradores estendidos sobre fofos cochins? Uma ilusão!...

Ó Deus que vedes minhas lágrimas, pois que fazeis o homem tão pobre, é preciso irmaná-lo àqueles que se alegram com o pouco que resta à sua miséria, um átomo que seja de fé em vós, ó Todo-Amante? Porque a fé em uma raiz medicinal, ou no suco da vinha, que é, afinal, senão a fé em vós, a confiança que concedeis em tudo quanto nos cerca, uma virtude curativa, ou consoladora, de que temos necessidade a todo momento? Ó Pai, que eu não conheço, Pai que outrora fazíeis transbordar toda a minha alma e agora me voltais o rosto, chamai-me para junto de vós, não mais vos mostreis mudo aos meus apelos, porque o vosso silêncio não poderá conter esta alma que tem sede de vós! Um homem, um pai, não pode irritar-se porque seu filho, reaparecendo subitamente, atira-se ao seu pescoço, exclamando: "Eis-me de retorno, meu pai! Não fique zangado por eu abreviar uma viagem que, por sua vontade, devia durar mais algum tempo! O mundo é o mesmo em toda parte: sofrimento e trabalho, depois recompensa e prazer; mas, que me importa isso? Só sou feliz quando o senhor também é, e é junto do senhor que eu quero sofrer e alegrar-me"... E vós, bom Pai celestial, repudiareis esse filho?

Dezembro, 1

Wilhelm, o homem de quem lhe falei na minha última carta, esse feliz desventurado, era empregado do pai de Carlota, e o que o enlouqueceu foi a paixão por ela, que alimentou, primeiro secretamente, declarando-se depois, o que deu motivo a que o despedissem. Que estas secas palavras façam você sentir em que estado de perturbação me lançou essa história, quando Alberto me contou com o mesmo ar tranqüilo com que você, talvez vai lê-la.

Dezembro, 4

Suplico-lhe que me leia!... Acabou-se tudo, porque não posso mais! Hoje, estive sentado junto dela... Estive sentado enquanto ela tocava no seu cravo algumas melodias, e com expressão toda... toda!... toda!... Que lhe direi eu?... Sua irmãzinha vestia a boneca nos meus joelhos. Vieram-me as lágrimas, abaixei a cabeça e meus olhos deram com a sua aliança... minhas lágrimas corriam... Então, de repente ela começa a velha ária de uma doçura celestial e senti logo em minha alma uma impressão consoladora, de mistura com a saudade do passado, do tempo em que ouvi essa ária, dos dias sombrios que se seguiram, do meu despeito, das minhas esperanças malogradas, e depois... Pus-me a passear pela sala; meu coração sufocava ao peso dessas recordações. "Pelo amor de Deus! — exclamei com violência, dirigindo-me a ela — Pelo amor de Deus, basta!" Ela interrompeu-se e olhou-me fixamente. "Werther — disse ela com um sorriso que me trespassou a alma; — Werther, você está bem doente, pois que até os seus alimentos prediletos já lhe repugnam. Vá para casa, peço-lhe, e procure acalmar-se!" Arranquei-me de junto dela e... Ó Deus, vede meu sofrimento e procurai pôr-lhe um termo!

Dezembro, 6

Como a sua imagem me persegue! Quer vele, quer sonhe, ela enche a minha alma inteira! É quando fecho os olhos, neste ponto da minha fronte onde se concentra a vista interior, que vejo seus olhos negros. Neste ponto! Não posso exprimir-lhe isto. Cada vez que cerro os olhos, eles lá estão, abrem-se diante de mim, em mim, como um oceano, como um abismo; não sinto outra coisa senão eles no meu cérebro.

Que é o homem, esse semideus tão louvado? Não lhe faltam as forças precisamente quando lhe são mais necessárias? Quando ele toma alento na alegria, ou se abisma na dor, não se imobiliza num ou noutro sentido e retoma a banal e fria consciência de si mesmo, no momento exato em que aspira a perder-se na plenitude do infinito?

DO EDITOR AO LEITOR

Quanto eu desejaria que nos restassem, a respeito dos últimos tão assinaláveis dias do nosso amigo, testemunhos firmados pelo seu próprio punho, de sorte que não me visse obrigado a interromper a série de cartas que ele nos deixou, para completá-las com este relato!

Apliquei-me em recolher das pessoas bem informadas, pormenores bastante precisos acerca da sua história, que é simples, e todos os depoimentos concordam entre si, salvo num ou noutro ponto sem importância, diversidade de opiniões, aliás, que decorre da própria diversidade de caráter dos personagens. Nada mais temos a fazer, neste caso, senão narrar fielmente aquilo que os nossos reiterados esforços nos permitiram saber, intercalando em nossa narrativa as cartas deixadas por Werther, sem desdenhar os apontamentos mais insignificantes encontrados entre seus papéis. Com efeito, não é fácil descobrir as causas verdadeiras e essenciais do gesto mais simples, quando se trata de homens que se elevaram acima do vulgar.

O desgosto e o desalento mergulharam suas raízes cada vez mais na alma de Werther e, alastrando-se como uma vegetação abafada, acabaram por tomar inteiramente conta do seu ser. A harmonia da sua inteligência foi destruída por completo, toda as forças da sua natureza entraram numa confusa efervescência, tomadas de um tal ardor, de uma tal violência interior que, tendo produzido os efeitos mais funestos, o esgotaram por fim. E os seus esforços para vencer esse acabrunhamento lhe causavam maiores angústias do que todos os males contra os quais havia até então lutado. Nessa angústia do coração consumiu as faculdades do espírito, a vivacidade, a intuição penetrante. Em sociedade, mostrava-se cada vez mais sombrio, cada vez mais desgraçado e, também, cada vez mais injusto à medida que se ia tornando mais infeliz. É, pelo menos, o que dizem os amigos de Alberto, os quais afirmam que, dissipando quotidianamente todos os motivos de contentamento, para encontrar-se à noite em estado deplorável, Werther mostrava-se incapaz de julgar o caráter daquele homem calmo e virtuoso que, de posse de uma felicidade longamente desejada, tratava de assegurar essa felicidade para o futuro. Alberto, dizem eles, não mudara em tão pouco tempo: era o mesmo homem que Werther, desde o começo, conhecera e tanto havia apreciado e estimado. Amava Carlota, antes de tudo, zelando por esse amor, e desejava que ela fosse por todos reconhecida como a mais perfeita das mulheres. Pode-se acusá-lo de ter querido afastar dela até a sombra de uma suspeita, mostrando-se pouco disposto a repartir com quem quer que seja, e mesmo do modo mais inocente, um tesouro tão precioso? Todos são acordes em dizer que Alberto quase sempre se retirava da sala quando Werther ia visitar sua esposa; mas não o fazia por ódio, por aversão, e sim por sentir que sua presença era penosa para o amigo.

O pai de Carlota, retido no leito por causa de uma indisposição, enviou à filha um carro a fim de tê-la a seu lado. Era um belo dia de inverno, a primeira neve caíra abundantemente e cobria inteiramente o campo. No dia seguinte, Werther foi ao encontro de Carlota, para acompanhá-la até à vila, caso Alberto não a fosse buscar. A serenidade do céu pouca impres-

são produziu no seu coração perturbado. Um grande peso lhe oprimia a alma e imagens lúgubres se tinham fixado no seu espírito, não lhe permitindo outra mudança de humor que não fosse de uma idéia dolorosa a outra ainda mais dolorosa. Vivendo numa perpétua discórdia consigo próprio, só via motivos de inquietação e perplexidade naqueles que o cercavam. Cria haver destruído a paz entre Alberto e sua esposa e disto fazia motivos de recriminações aos quais se misturava um secreto despeito contra o marido. Enquanto caminhava, seus pensamentos de novo tomaram a mesma direção. "Sim, sim! — dizia de si para consigo, mal reprimindo a cólera. Eis no que deu essa união íntima cheia de afeto, de ternura, de constante simpatia! Eis no que deu essa fidelidade tranqüila e duradoura: converteu-se em sociedade e indiferença! Um negócio qualquer, seja o que for, não tem para ele maior atração do que essa mulher adorável? Sabe ele apreciar sua felicidade, e estimar Carlota como Carlota merece ser estimada? Carlota pertence-lhe... Sei isso como sei muitas outras coisas; suponho haver-me habituado a este pensamento e, cedo ou tarde, ele me enlouquecerá e causará a minha morte... E sua amizade por mim, resistiu a tamanha prova? No meu apego por Carlota, não verá ele um atentado aos seus direitos e, nas minhas atenções para com ela, uma censura tácita? Eu sei, eu sinto que a minha presença não o agrada, que ele me deseja bem longe, que a minha pessoa é para ele um fardo".

Por mais de uma vez afrouxou os passos, na marcha precipitada; por mais de uma vez chegou a estacar, parecendo disposto a voltar sobre os passos, mas acabou seguindo sempre na mesma direção. Foi em meio de tais pensamentos e solilóquios que, afinal, bem contra a vontade, chegou ao pavilhão de caça.

Ao entrar, perguntou pelo velho e Carlota, notando na casa certa agitação. O mais velho dos rapazes contou-lhe que tinha acontecido uma desgraça em Wahlheim, onde um camponês fora assasinado, o que não causou a Werther grande impressão. Na sala, encontrou Carlota em luta com o pai, tentando dissuadi-lo de ir, embora doente, investigar no local o motivo do crime. Não se sabia ainda quem era o culpado, pois a vítima fora encontrada, pela manhã, diante da porta da sua casa, mas havia suspeitas: o morto tinha sido criado na granja de uma viúva, substituindo, lá, um outro que fora despedido.

Informado desses pormenores, Werther estremeceu e levantou-se bruscamente. "Será possível? – exclamou. Preciso ir sem perda de um minuto!" Correu a Wahljeim e todas as suas recordações acudiram vivamente certo de que o assassino era o homem com o qual havia muitas vezes conversado e pelo qual tinha um grande apego.

Quando passou sob as tílias, rumo ao albergue onde o corpo tinha sido depositado, esse lugar que outrora tanto amara, causou-lhe horror. O solo, sobre o qual tantas vezes brincara com as crianças da vizinhança, estava manchado de sangue. O amor e a fidelidade, os sentimentos mais belos do homem, tinham sido transformados em violência e morte. Aquelas árvores vigorosas estavam desfolhadas e cobertas de geada; as sebes soberbas que formavam uma abóbada sobre o muro baixo do cemitério, também estavam despojadas da sua folhagem e deixavam ver os túmulos cobertos de neve.

Ao aproximar-se do albergue, diante do qual a aldeia inteira estava reunida, de repente ouviu uns gritos. Via-se ao longe um grupo de homens armados con-

duzindo o assassino. Fixando-o, Werther não teve mais dúvidas: era ele, o empregado que se apaixonara loucamente pela viúva, era o rapaz que, não fazia muito tempo, havia encontrado errando ao acaso, cheio de furor" taciturno, cheio de secreto desespero. "Desgraçado, que foi que você fez?" exclamou Werther, correndo ao encontro do prisioneiro. Este o encarou tranqüilamente, sem nada dizer e, por fim, respondeu com calma: "Ninguém a possuirá; ela não possuirá ninguém". Fizeram-no entrar no albergue, e Werther retirou-se precipitadamente.

Esse choque violento o transtornou por completo. Sentiu-se ainda mais triste, mais descoroçoado, mais acabrunhado por uma resignação passiva. Uma irresistível simpatia aumentou nele o desejo inexprimível de salvar aquele homem. Achando-o tão desgraçado, julgando-o tão inocente, por mais criminoso que fosse, de tal modo se identificara com o seu ato que estava certo de fazer os outros partilhar da sua opinião. Queria pedir por ele imediatamente e já as palavras de defesa lhe subiam aos lábios. Ao correr para o pavilhão de caça, foi repetindo baixinho tudo quanto pretendia dizer ao bailio.

Quando entrou na sala, Alberto ali estava e isto o perturbou um pouco; mas readquiriu logo a presença de espírito e expôs calorosamente sua opinião ao bailio. Este sacudiu a cabeça várias vezes e, conquanto Werther alegasse, com toda a vivacidade, com toda paixão e sinceridade possíveis, tudo quanto um homem pode dizer em favor de outro, o bailio, como facilmente se pode adivinhar, não se comoveu. Mais, sem deixar o nosso amigo ir até o fim, protestou contra suas palavras e lastimou que ali estivesse tomando a defesa de um assassino; demonstrou-lhe que, desse modo, todas as leis seriam abolidas e a segurança pública inteiramente liquidada. Acrescentou que não podia intervir em semelhante caso sem assumir uma esmagadora responsabilidade e que tudo devia processarse regularmente, de acordo com os trâmites legais.

Werther não se rendeu a tais razões e pediu ao bailio fechar os olhos, pelos menos, se facilitassem a fuga do rapaz. O bailio repeliu igualmente esse pedido. Misturando-se por fim à conversação, Alberto adotou o ponto de vista do sogro e Werther, vencido pelo número, retirou-se presa de uma dor inenarrável, após ouvir o bailio repetir inúmeras vezes: "Não, não é possível salvá-lo!"

A profunda impressão que lhe produziram essas palavras aparece num fragmento encontrado entre os seus papéis, e que ele teria escrito, com certeza, naquele mesmo dia:

"Não é possível salvar-te, ó infortunado! Vejo bem que não nos poderemos salvar!"

O que Alberto disse a respeito do preso, no final da cena com o bailio, magoou profundamente Werther, que viu em tudo isso qualquer ressentimento contra si próprio e, conquanto após algumas reflexões, seu espírito judicioso reconhecesse que os adversários podiam bem ter alguma razão, pareceu-lhe impossível chegar a admiti-la e proclamá-la abertamente sem renunciar aos seus mais íntimos sentimentos.

Encontramos, ainda, entre seus papéis, algumas linhas a respeito do caso e que talvez expliquem suas relações com Alberto:

"De que serve procurar convencer-me que ele é honesto e bom? Isto me apunhala o coração: não posso ser justo".

Como a tarde se fizesse tépida e o tempo assinalava o começo do degelo, Carlota e Alberto voltaram a pé. Durante o trajeto, de vez em quando ela se voltava para trás, como que sentindo a falta de Werther. Alberto pôs-se a falar dele, lastimando-o profundamente sem deixar de lhe fazer justiça. Falou da sua paixão infeliz e expressou o desejo de arranjar-se um meio de afastá-lo. "Desejo isto, tanto por mim como por você, acrescentou ele; neste caso, faça o possível para modificar a conduta dele em relação a você e tornar suas visitas menos freqüentes. Começam a notá-las e sei que já murmuraram a respeito em alguns lugares", Carlota nada respondeu e Alberto pareceu magoado com o seu silêncio; pelo menos, desde esse momento não mais aludiu a Werther diante dela e, quando ela falava dele, interrompia a conversa ou mudava de assunto.

A tentativa infrutífera para salvar o infeliz foi como o último clarão de uma luz que se apaga: Werther mergulhou ainda mais profundamente na sua dor e na sua inércia. Ficou quase fora de si ao saber que possivelmente seria citado como testemunha contra o rapaz, tomando logo o partido de negar.

Todos os aborrecimentos por que tinha passado durante o período de atividade, as mortificações que havia sofrido na Embaixada, todas as decepções, todas as tristezas, passavam e repassavam em sua imaginação. Achava que tudo isso lhe concedia o direito de permanecer ocioso, julgando-se privado de toda e qualquer perspectiva de futuro, incapaz de encontrar um ponto de apoio para apegar-se às coisas da vida ordinária. Assim, abandonando-se inteiramente aos próprios sentimentos, às idéias extravagantes, e, ao mesmo tempo, a uma paixão sem remédio; na eterna e dolorosa monotonia de suas relações com a criatura amada junto da qual encontrava repouso; lutando violentamente contra suas forças, consumindo-as sem objetivo e sem esperança, dia a dia caminhava ele para um fim lamentável.

Seu delírio, sua paixão, suas agitações e esforços sem tréguas, seu desgosto da vida, de tudo isso ele nos deixou testemunhos irrecusáveis nalgumas cartas que vamos inserir aqui.

Dezembro, 12

Meu caro Wilhelm, acho-me no estado em que ficam os desgraçados que se dizem possuídos de um espírito maligno. E isto me acontece muitas vezes. Não é medo nem desejo... é um tumulto interior e desconhecido que parece querer rasgar meu peito, que me aperta a garganta e me oprime! Infeliz, infeliz de mim!... Então, erro durante a noite, à aventura, entre as cenas terríveis desta estação que castiga tanto os homens.

Ontem, à noite, não pude ficar em casa. O degelo sobreveio subitamente. Disseram-me que o rio havia transbordado, que os regatos estavam crescidos e o meu vale querido inundado a partir de Wahlheim. Corri para lá; eram mais de onze horas. Que espetáculo espantoso ver do alto do rochedo as ondas escachoando e cobrindo os campos, as pradarias, as sebes e o resto, para formar, de uma ponta a outra do vale, um mar que se desencadeava furiosamente enquanto o vento assobiava! E quando a lua reapareceu por sobre uma nuvem escura, iluminando com os seus reflexos terríveis e esplêndidos as águas que rolavam e rugiam aos meus pés, fui sacudido de um súbito tremor e um desejo intenso. Ah! curvado sobre o abismo, os braços estendidos, tive vontade de atirar-me lá embaixo, perdi-me voluptuosamente na idéia de precipitar naquele turbilhão meus tormentos e minhas penas, de me deixar arrastar pelas vagas procelosas! Oh!... E dizer que não tiveste ânimo para arrancar-te do solo e pôr um termo ao teu suplício! Minha hora ainda não chegou, bem o sinto! Wilhelm, com que alegria eu teria renunciado à minha natureza de homem para rasgar as nuvens, para sublevar as ondas, misturando-me ao vento tempestuoso! Ah! tais delícias não serão um dia partilhadas pelo cativo?

E quando baixei tristemente meu olhar para um recanto onde, passeando com Carlota por uma quentíssima tarde de verão, repousamos sob um salgueiro, notei que também ali tudo estava inundado. Mal pude, Wilhelm, reconhecer o salgueiro! "E suas campinas, pensei, e os arredores do seu pavilhão de caça! Como essa torrente furiosa deve ter devastado o nosso bosquezinho!" E um raio de sol do passado brilhou em minha alma, como na alma do prisioneiro que sonha com os campos e os rebanhos, com a glória e as honrarias! Permaneci imóvel!... Não me acuso, porque tenho coragem para morrer... Terei... Eis-me aqui como uma velha que cata sua lenha nas sebes e mendiga seu pão de porta em porta, a fim de prolongar e consolar ainda o triste fio de vida que lhe resta.

Dezembro, 14

E então, meu amigo? Tenho medo de mim mesmo! Meu amor por ela não é o mais fraternal, o mais santo, o mais puro dos amores? Sentiu minha alma um desejo culpável?... Não quero fazer juramentos!... E, no entanto, estes sonhos... Oh! Como tem razão os homens que atribuem feitos contraditórios à forças exteriores! Esta noite... Estremeço ao dizer que a tive nos meus braços, apertada contra o peito, cobrindo-lhe de beijos sem conta a boca que balbuciava palavras de amor, meus olhos inundados pela embriaguez do seu olhar! Ó Deus, serei porventura culpado de experimentar ainda tanta felicidade ao recordar, em toda a sua intensidade, essas ardentes delícias? Carlota, Carlota!...

Mas, tudo isso está acima da minha vontade! Meus sentidos deliram. Há oito dias não tenho sequer força para pensar; meus olhos estão sempre cheios de lágrimas; não me sinto bem em parte alguma e sinto-me bem em qualquer lugar! Não desejo nada, não peço nada; o melhor é partir.

Naquele tempo, uma tal situação havia reforçado, na alma de Werther a resolução de deixar este mundo. Depois que regressou de junto de Carlota, não teve outro desígnio e outra esperança. Prometeu a si mesmo, porém, que isso não havia de ser uma ação prematura e inconsiderada, que só tomaria esse partido com uma convicção sincera e uma resolução mais calma possível. Suas dúvidas, suas lutas consigo mesmo, transparecem de um bilhete sem data (provavelmente começo de uma carta a Wilhelm), e que foi encontrado entre os seus papéis:

Sua presença, seu destino, o interesse que ela toma por mim, exprimem ainda uma última esperança em meu cérebro vazio.

Erguer a cortina e passar para o outro lado, eis tudo! Por que então hesitar e tremer? Por que se ignora o que existe desse outro lado e por que não mais de lá se regressa? E também por que é próprio do nosso espírito imaginar por toda parte caos e trevas, quando nada sabemos ao certo?

Afinal, esse triste pensamento se foi tornando cada vez mais familiar e simpático; fechou-se irrevogavel-

mente no seu desígnio, como *prova esta carta um tanto equívoca que escreveu* ao *seu amigo:*

Dezembro, 20

Agradeço a sua amizade, Wilhelm, por haver relevado as minhas palavras. Sim, você tem razão; o melhor é partir. A proposta de retornar para junto de você não me agrada em absoluto. Antes, eu desejaria fazer uma excursão, tanto quanto no-lo permitam a solidez do gelo e os bons caminhos. Sinto-me contente pelo seu projeto de vir ver-me; daqui a uma quinzena, aguarde uma carta que lhe dará os pormenores necessários. É preciso dar tempo ao tempo, e quinze dias a mais, ou a menos, valem muito. Você dirá à minha mãe que reze pelo seu filho; diga-lhe também que perdoe os aborrecimentos que lhe tenho causado. É o meu destino afligir aqueles a quem devia tornar felizes! Adeus, querido amigo! Que o céu lhe conceda todas as bênçãos! Adeus!

O que se teria passado na alma de Carlota, nesse meio tempo, quais seriam seus sentimentos para com o marido e para com o desgraçado amigo, apenas ousaremos expressar por palavras; mas é possível, pelo que sabemos do seu caráter, formular qualquer idéia, e toda alma bem formada de mulher saberá identificar-se com a dela e compreender o que ela sentia.

Uma coisa é certa: Carlota estava, em segredo, firmemente resolvida a tudo fazer para afastar Werther; e, se hesitava, era pelo desejo, sincero e afetuoso de poupá-lo, pois sabia quanto lhe seria difícil partir, sabia, mesmo, que isso lhe era quase impossível. Apesar disto, ela estava resolvida a agir seriamente. Seu marido guardava um silêncio completo a esse respeito, o mesmo que ela fizera sempre, embora mais do que nunca resolvida, por atos, mais do que por palavras, a provar que seus sentimentos eram dignos dos dele.

No mesmo dia em que Werther escreveu a seu amigo a carta que acima transcrevemos, (era o domingo véspera de Natal) à tarde foi ver Carlota, encontrando-a sozinha, ocupada em pôr em ordem alguns presentes de Natal para os irmãozinhos e irmãs. Werther falou do prazer que as crianças iam ter e do tempo em que também ele como que se sentia transportado ao paraíso quando a porta se abria de repente e via aparecer uma árvore carregada de pequenas velas, bombons e maçãs.

— Você também, — disse Carlota disfarçando o seu embaraço com um sorriso amável – você também terá o seu Natal se tiver juízo: uma velinha e uma outra coisa.

— E a que chama você "ter juízo?" — exclamou ele; que é preciso fazer, que posso eu fazer, minha boa Carlota?

— Quinta-feira à noite — respondeu ela — é véspera de Natal; as crianças virão com meu pai e cada um receberá o seu presente. Venha também, mas não antes de quinta-feira.

Werther ficou interdito...

— Peço-lhe, — continuou ela – é absolutamente necessário; peço-lhe pelo meu sossego: isso não pode durar assim; não, isso não se pode...

Ele esgazeou os olhos e caminhou pela sala, murmurando entre dentes: "Isso não pode durar assim!" Carlota, sentindo em que estado de espírito ele repetia essas palavras, esforçou-se em mudar o curso dos seus pensamentos, mas em vão.

— Não, Carlota! — exclamou Werther. Nunca mais a verei!

— Por que, Werther? — replicou ela. Você pode,

você deve nos tornar a ver; somente, precisa conter-se. *Oh! Porque nasceu você com esse ardor apaixonado que se prende obstinadamente a tudo quanto o impressiona!... Peço-lhe, — prosseguiu ela, tomando-lhe a mão — seja senhor de si! O seu espírito, os seus conhecimentos, os seus talentos, não lhe oferecem os mais variados prazeres? Seja homem! Acabe essa infeliz inclinação por uma criatura que nada mais pode fazer senão ser agradável!*

Ele rilhou os dentes e encarou-a com um ar sombrio. Carlota continuou, retendo-lhe a mão:

— Apenas um momento de sangue-frio, Werther! Você não sente que é tudo por sua culpa, que você se perde voluntariamente? Por que hei-de ser eu, Werther, eu que pertenço a outro, precisamente eu? Temo, temo muitíssimo que seja apenas a impossibilidade de me possuir que faça você desejar-me com tanto ardor!

Werther retirou a mão e olhou-a com um olhar fixo e descontente.

— É judicioso, muito judicioso! – exclamou ele. Essa observação será de Alberto? É profunda, muitíssimo profunda!

— Qualquer um pode fazê-la – respondeu ela. Não haverá então no mundo inteiro uma jovem capaz de satisfazer os anseios de seu coração? Assuma consigo mesmo o propósito de procurá-la e, juro-lhe, há de encontrá-la. Há muito tempo que eu me inquieto por você e por nós, por causa da solidão em que se trancou nestes últimos meses. Decida isso com firmeza! Uma viagem, garanto-lhe, há de distraí-lo. Procure e encontre um objeto digno do seu amor; depois, volte e gozemos todos juntos a felicidade que só uma verdadeira amizade pode dar!

— *Pode-se – replicou ele com um riso forçado – mandar imprimir isso e recomendar aos professores. Querida Carlota, deixe-me ainda algum tempo* em *repouso* e *tudo* se *há de arranjar!*

— *Eu* só *lhe peço uma coisa. Werther: não venha antes da véspera de Natal!*

Ele ia responder quando surge Alberto. Trocaram as *boas tardes com um tom frio* e *desandaram* a *passear pela sala constrangidos. Werther começou a dizer umas coisas insignificantes. Interrompendo-se logo; Alberto fez o mesmo* e, em *seguida, interrogou sua mulher* a *respeito de alguns arranjos de que* a *havia incumbido* e *tendo ela respondido que nada tinha feito ainda, disse-lhe algumas palavras que pareceram a Werther muito secas, e mesmo duras. Quis retirar-se, mas não pôde. Permaneceu até oito horas assim indeciso, sentindo aumentar o despeito e o descontentamento; então, viram-no meter o sobretudo, tomar a bengala e o chapéu. Alberto pediu que ficasse, mas Werther, interpretando o convite como pura polidez, agradeceu friamente e retirou-se.*

Ao entrar em casa, ele tomou a lâmpada da mão do criado que procurava guiá-lo e entrou no quarto onde desatou a soluçar, falando sozinho, de modo colérico, e passeando impetuosamente de um lado para outro. Afinal, atirou-se vestido no leito; assim o encontrou o criado quando, quase onze horas, arriscou-se a penetrar no quarto e a perguntar se queria que lhe tirasse as botas. Consentiu que o fizesse, mas proibiu o criado de aparecer no *dia seguinte, sem ser chamado.*

Na segunda-feira, pela manhã, 21 de dezembro, ele escreveu a *Carlota* a *seguinte carta, que foi depois da sua morte, encontrada fechada sobre* o *bureau* e *remetida* à *destinatária. Transcrevê-la-ei aos fragmentos como, tudo indica, teria sido escrita:*

133

É coisa resolvida, Carlota: quero morrer. Escrevo-lhe isto tranqüilamente, sem exaltação romanesca, na manhã do dia em que a verei pela última vez. Quando você ler esta carta, minha bem-amada, o túmulo frio cobrirá os restos enregelados do infeliz, de espírito inquieto, que não sabe de mais doce emprego a fazer dos seus últimos momentos de vida senão entretê-los com aquela a quem tanto amou. Passei uma noite terrível, mas também, ai de mim, uma noite benfazeja, que fortaleceu, fixou a minha resolução. Quero morrer!

Quando ontem me arranquei de junto de você, inteiramente possuído de uma terrível revolta, o coração assaltado por tantas emoções, sentindo-me gelado de horror em face da existência sem alegria e sem esperança que levo a seu lado, nem sei como pude chegar ao meu quarto. Caí de joelhos, fora de mim, e vós me concedestes, ó Deus, a consolação suprema das lágrimas mais acerbas! Mil projetos, mil perspectivas agitaram-se tumultuosamente em minha alma; por fim, projetou-se nela, definitivo e supremo, este pensamento: "Quero morrer!"... Dormi, e, esta manhã, erguendo-me tranqüilo, encontrei-o em mim, sempre firme, forte, completo: "Quero morrer!..." Não é o desespero; é a convicção de que resisti quanto me era possível resistir, e que eu me sacrificarei por você. Sim, Carlota, por que calar? É preciso que um de nós três desapareça, e sou eu quem deve desaparecer. Ó minha bem-amada, neste coração dilacerado muitas vezes se insinuou o pensamento frenético... de matar seu marido!... de matar você!... de matar-me a mim mesmo! Cumpra-se o meu destino! Quando você subir a colina, por uma bela tarde de verão, lembre-se de mim que tantas vezes fui ao seu encontro, nesse lugar, surgindo do fundo do vale. Depois, volte os olhos do outro lado, em direção ao cemitério, e contemple o meu túmulo sobre o qual o vento agitará os arbustos à luz do sol poente!... No começo, eu estava tranqüilo e agora, agora eu choro como uma criança vendo surgir em torno de mim essas vivas imagens...

Cerca das dez horas, Werther chamou o criado. Enquanto vestia-se, disse-lhe que ia partir dentro de alguns dias e deu ordens para que limpasse suas roupas e preparasse tudo para fazer as malas. Encarregou-o, também, de pedir a conta de todos fornecedores, de ir buscar vários livros que lhe tinham emprestado, entregar dois meses adiantados a diversos pobres a quem costumava dar todas as semanas uma pequena soma.

Jantou no seu quarto; em seguida, dirigiu-se, a cavalo, à casa do bailio, não o encontrando. Percorreu o jardim, perdido nos seus sonhos, como se quisesse, naqueles últimos momentos, acumular no coração toda a tristeza de suas recordações.

As crianças não o deixaram repousar por muito tempo, seguindo-o por toda parte, pulando atrás dele e contando-lhe que quando passasse "amanhã e depois de amanhã, e mais um dia ainda", iriam à casa de Carlota receber o presente de Natal. Descreveram-lhe as maravilhas prometidas pela sua imaginação infantil. "Amanhã! — exclamou Werther — e depois de amanhã e mais um dia ainda!..." Ele beijou ternamente as crianças e, quando se retirou, o menor de todos quis dizer-lhe um segredo ao ouvido: seus irmãos mais velhos tinham escrito cartões de felicitações de Ano Bom, tão grandes, tão grandes! Um para o papai, outro para Alberto e Carlota, e outro para o senhor Werther, felicitações que deviam ser apresentadas na manhã de primeiro de Janeiro.

*A essas palavras, ele sentiu-se vencido pelas emo-
ções; deu qualquer coisa a cada uma das crianças, mon-
tou a cavalo, encarregou-as de apresentar cumprimentos* ao *papai e afastou-se com* os *olhos rasos d'água.*

— Tornou à *casa,* cerca *das cinco horas, disse* à *criada que velasse* à *lareira* e *a alimentasse uma parte
da noite; depois, ordenou* ao *criado que arranjasse*
os *livros* e *a roupa branca no fundo da mala* e
enfardelasse seus ternos.

*Provavelmente, foi então que teria escrito a seguin-
te passagem da sua última carta* a *Carlota:*

Você não me espera mais, acreditando que eu a obe-
decerei, que só a verei na véspera de Natal! Ó Carlota,
hoje ou nunca! Na véspera de Natal, você terá em mãos
este papel, estremecerá, molhará esta carta com as suas
lágrimas queridas. Eu quero... é preciso!... Oh! como me
sinto feliz por haver tomado uma resolução!

*Entretanto, Carlota achava-se num estranho esta-
do de perturbação. Sua última conversa com Werther
tinha-lhe feito sentir quão grande era a pena de se-
parar-se dele e quanto ele sofreria afastando-se dela.
Disse diante de Alberto, como que por acaso, que
Werther* só *voltaria na véspera de Natal; Alberto par-
tira a cavalo para ver* o *bailio da vizinhança, com* o
qual tinha negócios a tratar, e só *estaria de regresso
no dia seguinte.*

Ela estava só, não tendo em *sua companhia nenhum dos irmãos, ou irmãs. Silenciosa, abandonava-
se aos pensamentos sobre* a *sua situação. Via-se liga-
da para sempre* a *um homem de quem conhecia* o *amor*
e a *felicidade, a quem também amava de todo o coração, a um homem de caráter tão igual, tão digno de
confiança, dir-se-ia expressamente criado pelo céu*

para assegurar a *felicidade de uma mulher honesta; sentia o que havia de ser sempre para ela* e *para os seus. De outro lado, Werther se lhe tornara tão caro,* a *afinidade de suas almas* se *manifestou desde o primeiro momento* em *que* se *tinham conhecido! Ela fruíra tão longamente* e *tão freqüentemente a sua companhia, haviam experimentado juntos, durante tanto tempo, emoções tão diversas, que o seu coração guardara dele uma impressão indelével. Habituara-se* a *partilhar com ele todos os sentimentos, todos* os *pensamentos,* e a *sua partida pareceu abrir* em *toda a sua existência um vazio que ninguém podia preencher. Oh! como seria ela feliz se pudesse transformá-lo num irmão!... ou casá-lo com uma das suas amigas! ou, ainda, se pudesse restabelecer entre ele* e *Alberto, inteiramente,* as *relações de outrora!*

Carlota passava todas as *amigas* em *revista, uma por uma,* e *encontrava* em *todas qualquer coisa a censurar;* a *nenhuma tê-lo-ia cedido voluntariamente.*

Fazendo essas reflexões, pela primeira vez ela sentia profundamente, embora sem fixar-se de um modo preciso, que o secreto desejo do seu coração era guardá-lo para ela. *Entretanto, estava convencida* de que *não podia guardá-lo,* que *isso* lhe era *proibido,* e sua bela alma, *tão pura, outrora tão livre* de *cuidados* e *tão pronta* a superá-los, *sentia-se acabrunhada por essa tristeza* que se *experimenta quando* não se *tem* mais *nenhuma perspectiva* de *felicidade.* Seu *coração comprimia-se, uma sombria nuvem toldava* seu *olhar.*

Assim passou o dia; eram seis horas e meia quando ouviu rumor na escada, reconhecendo prontamente os passos de Werther, e ouvira sua voz chamando-a. Como o seu coração bateu ao senti-lo aproximar-se! Era a primeira vez que isso acontecia, e há razões para acreditá-lo. Teria preferido mandar dizer-lhe que havia saído. Ao vê-lo entrar, exclamou numa espécie de arrebatamento apaixonado:

— Você não cumpriu a palavra!

— Eu nada prometi — respondeu ele.

— Pelo menos, você devia ter respeitado a minha súplica, replicou ela; pedi-lhe isso para nossa tranqüilidade recíproca.

Ela mal sabia o que dizia, e muito menos o que fazia, tendo mandado chamar duas amigas, para não ficar a sós com Werther. Ele fez entrega de alguns livros que havia trazido e pediu outros; Carlota desejava a chegada das amigas e, ao mesmo tempo, queria que não chegassem nunca.

A criada trouxe a resposta: ambas mandavam pedir desculpas, mas não podiam sair de casa naquele momento.

Carlota quis pedir à rapariga para fazer um serviço qualquer na sala vizinha, mas mudou logo de idéia. Werther passeava de um lado para outro; ela foi ao cravo e tirou os primeiros acordes de um minueto, nada conseguindo. Fez um esforço para adquirir a presença de espírito e sentou-se calmamente ao lado de Werther, que tomara no canapé o seu lugar costumeiro.

— Não tem nada para ler? — perguntou ela. Ele disse que não, que não tinha nada para ler.

— Tenho ali na minha gaveta — prosseguiu ela – a tradução que você fez de alguns cantos de Ossian; não os li ainda, esperando sempre que você mesmo os lesse, mas nunca chegava a ocasião.

Ele sorriu e foi procurar o manuscrito; ao pegá-lo, sentiu um frêmito e, quando viu as linhas escritas, seus olhos encheram-se de lágrimas. Acomodou-se de novo e leu:

Astro do crepúsculo, tu brilhas de modo esplêndido no ocidente, tu ergues a cabeça resplandecente acima das nuvens e caminhas em toda a tua majestade ao longo da colina. Que é que procura o teu olhar sobre a charneca? Acalmaram-se os ventos da tempestade; de longe nos chega o murmúrio da torrente; as vagas estrepitosas se lançam contra os longínquos rochedos e os insetos sussurrantes da tarde, aos cardumes, espalham-se sobre a campina. Que olhas tu, astro formoso? Mas, sorris e te afastas; as ondas te cercam alegremente e banham tua bela cabeleira. Adeus, calmo resplendor crepuscular! Amo-te, luz divina da alma de Ossian!

E ela surge em todo o seu esplendor. Vejo meus amigos mortos ao lado de Lora, como nos dias passados! Fingal caminha como uma úmida coluna de névoa e, em torno dele, lá estão os seus heróis, os bardos, os cantores! Ullim, de cabelos grisáceos, o majestoso Ryno, Alpim, o chantre amável, e tu, doce e chorosa Minona! Como estais mudados, ó meus amigos, depois dos dias festivos de Selma, quando disputávamos o prêmio de canto à maneira das brisas da primavera que, ao longo da colina, fazem dobrar as ervas sussurrantes.

Então, Minona caminhava, em toda a sua beleza, os olhos cheios de lágrimas, com a sua basta cabeleira flutuando ao capricho do vento que soprava da colina... A alma dos heróis se entristeciam quando ela erguia a sua voz melodiosa, porque quantas vezes tinham eles visto o túmulo de Salgar e a escura morada da branca Colma. Colma, de voz harmoniosa, estava sozinha sobre a colina. Salgar prometera vir, mas a noite baixava em torno dela. Escutai a voz de Colma, solitária sobre a colina:

COLMA

Anoitece... estou sozinha, perdida sobre a colina batida pela tempestade. O vento assobia na montanha, a torrente despenha-se do rochedo, mugindo longa e dolorosamente. Nenhuma cabana me abriga da chuva; sinto-me abandonada sobre a colina batida pela tempestade.

Ó lua, rompei as nuvens que vos envolvem! Aparecei, ó estrelas da noite! Que um raio de luz me guie ao lugar onde o meu bem-amado, o arco frouxo junto dele, os cães ofegantes dormindo em seu redor, repousa das fadigas da caça! E é preciso que eu fique neste lugar, sobre o rochedo de onde se precipita a torrente oculta sob a folhagem. A torrente e a tempestade ululam, fazendo com que eu não ouça a voz do meu bem-amado.

Meu Salgar, por que tardas tanto? Terá ele olvidado a sua promessa? Eis a árvore, eis o rochedo, eis a torrente rumorosa! Tu prometeste de estar aqui ao anoitecer; ai de mim, por onde andará o meu Salgar? Quero fugir contigo para longe de meu pai e meu irmão, criaturas orgulhosas! Há muito que nossas famílias são inimigas, mas nós não somos inimigos, ó Salgar!

Ó vento, calai-vos um instante! Ó torrente, um breve silêncio! Que minha voz ressoe, através do vale para que o meu querido erradio a ouça! Salgar, sou eu quem te chama! Eis-me aqui junto da árvore e do rochedo! Salgar, meu bem-amado, eis-me aqui! Por que tardas a vir?.

Vê, a lua reaparece; as águas brilham no vale, os rochedos cinzentos se mostram até o alto da colina, e não o descubro nos cimos, seus cães não anunciam sua chegada. Esperá-lo-ei sozinha, aqui!

Mas, quem são aqueles que jazem lá embaixo, na charneca? Será o meu bem-amado? Será meu irmão? Respondei, amigos! Não respondem. Que angústia oprime a minha alma!... Ai de mim, morreram! Seus gládios estão vermelhos dos combates! Ó meu irmão, meu irmão, por que mataste meu Salgar? Ó meu Salgar, por que mataste meu irmão? Um e outro, vós me éreis tão queridos. Oh! tu eras belo entre mil, sobre a colina! Tu eras terrível nas batalhas. Respondei-me! Escutai minha voz, meus bem-amados! Mas, ai de mim, eles estão mudos, mudos para sempre! Seu peito está frio como a terra!

Da colina, do cume da montanha onde reina a tempestade, falai-me, ó espíritos dos mortos, falai-me que não tremerei de medo! Aonde fostes buscar o repouso? Em que caverna da montanha vos encontrarei?... Não ouço a mais débil voz no perpassar do·vento; a tempestade que ruge sobre a colina não me envia nenhuma resposta.

Aqui fico sentada, sucumbida de dor; entregue às lágrimas, esperarei o surgir da manhã. Cavai a sepultura, amigos dos que morreram, mas não a fechai até que eu chegue! Minha vida se desfaz como um sonho; poderei regressar? Quero ficar aqui junto daqueles a quem eu amava, aqui à beira da torrente que faz estremecer o rochedo!...

... Quando a noite baixar na colina, e o vento perpassar na charneca, lá estará minha alma com o vento para chorar a morte dos meus amigos. O caçador me ouvirá, da sua cabana de folhagem; o caçador temerá e, amará a minha voz, porque há-de ser doce, chorando os meus amigos: ambos me eram tão queridos!

Tal foi o teu canto, ó Minona, ó filha de Thormam de faces docemente rosadas! Nossas lágrimas escorrem por causa de Colma, e nossa alma se torna sombria.

Ullim aproxima-se com a harpa e entoa o canto d´Alpim. A voz d´Alpim era doce, a alma de Ryno era um raio de fogo; mas ambos repousam em sua pequena morada, suas vozes não ressoam mais para Selma. Um dia, antes desses heróis tombarem, ao voltar da caça, Ullim ouviu que porfiavam em seus cantos, sobre a colina. Seus cantos eram doces, mas tristes. Choravam a morte de Morar, o maior dos heróis. Sua alma era semelhante à alma de Fingal, seu gládio igual ao gládio de Oscar... Mas, tendo ele tombado, seu pai gemia, as lágrimas corriam dos olhos de Minona, irmã do valente Morar. Ouvindo o canto de Ullim, ela desapareceu, como a lua, no ocidente, oculta sua bela cabeça nas nuvens quando pressente a tempestade... Com Ullim, acompanhei na harpa esse canto de luto.

RYNO

Cessaram o vento e a chuva; ao meio-dia, o céu está sereno e as nuvens se dispersaram. O sol fugitivo ilumina a colina de uma luz inconstante. As águas da montanha correm, avermelhadas, no seio do vale. Doce é o teu murmúrio, ó torrente, e ainda mais doce é a voz que eu escuto! É a voz d´Alpim que pranteia o morto. Sua cabeça está curvada pela idade e seus olhos vermelhos de lágrimas. Alpim, excelente cantor, por que está só na colina silenciosa? Por que te lamentas como o vento que se levanta, de súbito, do seio da floresta, e como a vaga que bate nas praias longínquas?

ALPIM

Minhas lágrimas, ó Rino, são pelos mortos; minha voz é para os habitantes dos túmulos. Ergues-te, imponente e esbelto, sobre a colina; és o mais belo dos filhos da charneca! Porém, tombarás como Morar, a aflição chorará sobre o teu túmulo. As colinas te esquecerão, e os arcos ficarão frouxos em tua morada.

Tu eras ágil, ó Morar, como as cabras na colina, terrível como os fogos que brilham à noite no céu. Tua cólera era como a tempestade, teu gládio brilhava nas batalhas como o raio sobre a charneca; tua voz semelhava a torrente da floresta, depois da chuva, ao trovão nas colinas distantes. Muitos tombaram aos teus golpes e consumidos pela chama da tua cólera. Mas, quando regressavam da guerra, como era suave a tua voz! Teu rosto era como o sol depois da tempestade, como a lua na noite silenciosa; teu peito era calmo como o lago quando calam os gemidos do vento.

Agora, pequena é a tua morada, obscura a tua solidão! Com três passadas eu meço o teu túmulo, ó tu, outrora tão grande! Quatro pedras musgosas formam teu único monumento; uma árvore despojada de folhas e a erva crescida, que murmura ao sopro do vento, indicam ao caçador a tumba do poderoso Morar. Não tens mãe que te pranteie, nem noiva que derrame sobre ti as lágrimas do amor. Morreu aquela que te deu à luz; também é morta a filha de Morglam.

Quem vem lá, apoiado ao bordão, quem é aquele cuja cabeça está embranquecida pelos anos e os olhos avermelhados pelas lágrimas? É teu pai, ó Morar, teu pai que só tinha um filho, tu! Ele ouviu falar da tua fama nos combates, dos inimigos que dispersavas como quem espalha a poeira; ele soube da glória de Morar! Ai dele, nada soube do teu ferimento!... Chora, ó pai de Morar, chora; teu filho, porém, não te ouvirá mais. Profundo é o sono dos mortos; muito lá no fundo da terra está seu travesseiro de pó. Jamais ouvirá a tua voz, jamais despertará ao teu apelo! Oh! quando o dia há de penetrar na tumba para dizer ao que aí dorme: "Desperta!" Adeus, ó mais nobre dos homens! Jamais esses campos tornarão a ver-te; jamais na floresta escura brilhará o raio do teu gládio. Tu não deixaste filho, mas nossos cantos perpetuarão teu nome; os séculos vindouros ouvirão falar de ti, do grande Morar que tombou heroicamente.

Clamorosas foram as lamentações dos heróis, mais clamoroso ainda o suspiro que escapou do seio de Armim. Esse canto lembrou-lhe a morte de seu filho, tombado em plena juventude. Carmor sentou-se junto do herói, Carmor, príncipe da sonora Galmal. "Por que esse suspiro soluçante, ó Armim? perguntou ele; qual o motivo do teu pranto? A poesia e o canto não ressoam para encantar as almas? É como a névoa transparente que se ergue do lago e se dissolve em chuva fina sobre o vale, umedecendo as flores redolentes. Mas, o sol retorna com toda a sua força, e a névoa se esvai. Por que estás tão acabrunhado pela dor, Armim, que reinas sobre Gorma, cercada pelas ondas?"

— Choro de dor? Sim, bem o sei, pois é grande o motivo da minha pena... Carmor, tu não perdeste nunca um filho; tu não perdeste uma filha em pleno desabrochar de sua beleza! O valente Colgar está vivo, viva está Amira, a mais formosa das raparigas. Os rebentos do teu tronco florescem, ó Carmor, ao passo que Armim é o último da sua raça!

Sombrio é o teu sono, ó Dora; tu dormes um sono pesado em tua tumba... Quando despertarás com os teus cantos, com a tua voz melodiosa?

Levantai-vos, ó ventos de outono, levantai-vos e soprai furiosamente sobre a charneca obscura! Gemei, torrentes da floresta, urrai, furacão, na copa dos carvalhos! Aparecei através das nuvens dilaceradas, ó lua, mostrando por intervalos a tua face pálida. Lembrai-me aquela noite terrível em que pereceram meus filhos, em que tombou a poderosa Arindal, em que se extinguiu minha Dora querida!

Dora, minha filha, tu eras bela, como é bela a lua sobre as colinas de Fura, branca como a neve que tomba novamente, doce como o ar que se respira! Arindal, teu arco era forte, tua lança era rápida no campo de batalha, teu olhar era como a bruma sobre as vagas, teus cabelos como a nuvem flamejante na tempestade!

Armar, famoso nos combates, buscou o amor de Dora; ela não o recusaria por muito tempo. Eram belas as esperanças de seus amigos!

Erath, filho de Odgal, estava cheio de ressentimento porque seu irmão caiu sob os golpes de Armar. Apareceu vestido de barqueiro e sua barca, vagando sobre as ondas, era linda; os cabelos estavam embranquecidos pela idade e o rosto era calmo e grave. "Ó mais bela das virgens! — disse — encantadora filha de Armim, lá embaixo, no, rochedo, perto da praia, Armar espera pela formosa Dora; venho procurar a sua bela-amada para conduzi-la através do mar proceloso."

Ela ouviu e chamou por Armar; do rochedo alguém respondeu. "Armar, meu bem-amado, por que me deixaste assim tão inquieta? Ouve, filho de Arnath, escuta, é Dora que *te* chama!"

Erath, o traidor, rindo-se, dirigiu-se à praia. Ela ergueu a voz, chamando por seu pai e seu irmão: "ArindaI. Armim, nenhum de vós virá salvar a sua Dora?"

A voz de Dora atravessa o mar. Meu filho Arindal, descendo a colina carregado com os rudes despojos da caça, traz o arco e as flechas; cinco cães cinzentos caminham a seu lado. Ao ver na praia o audacioso Brath, agarra-o e prende a um tronco de carvalho, amarrando-lhe a cintura com laços bem fortes; os gemidos do prisioneiro enchem os ares.

Em sua barca, Arindal avança sobre as ondas para conduzir Dora. Armar aparece, furioso,e atira uma flecha, guarnecida de penas, cinzentas, que assobia e vai mergulhar em teu coração, ó Arindal! Pereces em lugar do traidor Erath. A barca atinge o rochedo; Arindal tomba e solta o último suspiro. Vendo o sangue de teu irmão correr a teus pés, ó Dora, como foi grande a tua dor!

Os vagalhões despedaçam a barca e Armar precipita-se no mar a fim de salvar Dora, ou morrer. Súbito, um golpe de vento subleva as ondas e Armar foi tragado por elas.

Ouvi o pranto da minha filha, abandonada no rochedo batido pelo mar. Seus gritos eram penetrantes e contínuos, mas seu pai não podia salvá-la. Passei toda a noite na praia; divisava-a ao pálido reflexo da lua, e ali fiquei, a noite inteira, ouvindo seus gritos.O vento soprava rumorosamente e a chuva vergastava com violência os flancos da montanha. Sua voz enfraqueceu-se ao raiar da manhã; depois, extinguiu-se como a brisa da tarde na erva do rochedo. Esgotada pela dor, Dora morreu deixando Armim solitário. Não mais existe aquele que foi a minha força nos combates; morreu aquela que era o meu orgulho entre as moças!

Quando a tempestade desce da montanha e o vento norte agita as ondas, sento-me na praia ressoante e contemplo o rochedo terrível. Muitas vezes, ao baixar a lua no horizonte, vejo passar juntos, tristemente enlaçados, os fantasmas dos meus filhos esbatendo-se à meia luz do crepúsculo.

Uma torrente de lágrimas, escapando-se dos olhos de Carlota e aliviando o seu coração opresso, interrompe a leitura de Werther, que abandona o manuscrito, toma-lhe a mão e também derrama lágrimas amargas. Com a outra mão, Carlota enxuga os olhos no lenço. Ambos sentem o próprio infortúnio, no destino daqueles heróis; sentem-no e suas lágrimas se confundem. Werther roça no braço de Carlota os lábios e os olhos ardentes; ela tem um leve tremor e quer afastá-lo, mas a dor e a piedade, esmagando-a como uma carga de chumbo, imobiliza-a. Respira fortemente, procurando dar acordo de si, pondo na voz um acen-

to celestial, e, pede-lhe, aos soluços, que continue a leitura. Agitado e trêmulo, como se seu coração fosse explodir, Werther toma do caderno e lê, com a voz entrecortada:

Por que despertar-me, ó brisa da primavera? Tu me acaricias e diz: "Derramo sobre ti as gotas celestiais do orvalho!" Mas, aproxima-se o tempo em que murcharei; aproxima-se a tempestade que me arrancará as folhas! Amanhã virá o caminhante, virá aquele que me viu em plena beleza; seus olhos hão de procurar-me por toda a campina e não me encontrarão mais!

O peso dessas palavras caiu sobre o coração do desgraçado, que se atirou aos pés de Carlota, no paroxismo do desespero, tomou-lhe as mãos e as levou aos olhos e ao rosto. Pareceu a Carlota que o pressentimento de um mau desígnio lhe atravessara a alma; seus sentidos deliravam. Apertou-lhe as mãos e ele premiu as dela contra o peito. Em dado momento, inclinou-se sobre Werther, com uma emoção dolorosa, e as faces escaldantes de ambos se tocaram. O mundo inteiro deixou de existir. Werther enlaçou-a com os braços, apertou-a ao coração e cobriu de beijos furiosos seus lábios trêmulos e balbuciantes. "Werther! — exclamou ela com a voz abafada, tentando escapar-se — Werther!" E, com uma das mãos procurava, quase sem forças, afastá-lo. "Werther!" — repetiu com um tom resoluto que exprimia os mais nobres sentimentos; e ele, não resistindo, soltou-a e prosternou-se a seus pés como um insensato. Ela ergueu-se precipitadamente, presa de uma perturbação dolorosa, fremente de amor e de cólera. "É a última vez, Werther! — disse ela. Você não me verá mais!" E, lançando sobre o infeliz um olhar apaixonado, fugiu para o quar-

to vizinho e *trancou-se por dentro. Werther estendeu-lhe os braços, sem ousar retê-la. Estirado no soalho, com a testa sobre o canapé, permaneceu nessa postura por mais de meia hora, só tornando a si quando ouviu o rumor dos passos da criada que vinha pôr a mesa. Passeando nervosamente pela sala, ao sentir-se só, aproximou-se da porta do quarto e chamou em voz baixa: "Carlota! Carlota! Uma só palavra, quero dizer-lhe adeus!" Ela não respondeu.*

Werther ainda insistiu, suplicou, chamou ainda; enfim, arrancou-se dali, gritando: "Adeus, Carlota! Adeus para sempre!"

Ao ganhar a porta da vila, os guardas que estavam acostumados a vê-lo sempre, deixaram-no passar sem dizer nada. Chovia e nevava. Somente às onze horas ele bateu de novo à porta da sua casa. Ao entrar, o criado notou que estava sem chapéu, mas não ousou adverti-lo e começou a tirar-lhe a roupa, que estava completamente molhada. Encontrou-se mais tarde o seu chapéu sobre uma rocha situada no pendor da colina que domina a vila. Pareceu inconcebível que ele pudesse galgá-la sem o menor risco, durante uma noite escuríssima e chuvosa.

Werther deitou-se e *dormiu por muito tempo. No dia seguinte, pela manhã, quando foi levar-lhe* o café. o *criado* o *encontrou escrevendo. Ele acrescentara, na carta endereçada a Carlota, as seguintes linhas:*

É a última vez! É a ultima vez que abro os olhos. Ai de mim, eles não verão mais o sol, que se esconde agora nas nuvens de um céu sombrio... Tomai luto, ó Natureza, porque o vosso filho, o vosso amigo, o vosso amante, aproxima-se do fim. Ó Carlota, só às impressões confusas de um sonho é comparável, talvez, o sentimento que se experimenta ao dizer: "Eis a minha derradeira manhã!" A derradeira! Carlota, esta palavra derradeira, não a entendo. Não estou aqui em todo o meu vigor? E amanhã, ver-me-ão estendido sobre a terra. Morrer! Que é isto? Veja, é como se sonhássemos quando falamos da morte. Vi morrer muita gente, mas a humanidade é tão limitada que se mostra incapaz de conceber o começo e o fim da sua existência. Neste momento, ainda me pertenço! Pertenço-lhe, também, ó minha bem-amada. E, bastará um instante... separados, perdidos um para o outro... para sempre, talvez... Não, Carlota, não!... Como poderei ser aniquilado? Como poderá você ser aniquilada? Entretanto, ainda estamos vivos!... Aniquilamento... que significa isto? Trata-se de uma palavra, um som vazio de sentido, que não diz nada ao meu coração!... Estar morto, ó Carlota, metido embaixo da terra gelada numa sepultura tão estreita, tão escura!. "Tive uma amiga, que foi tudo para a minha juventude desamparada. Quando ela morreu, acompanhei o seu enterro, parei à beira da cova, vi baixar o caixão, senti o roçar das cordas que se afrouxaram e foram retiradas bruscamente, ouvi a primeira pá de terra que caía sobre o lúgubre invólucro, produzindo um rumor surdo, cada vez mais surdo, sempre mais surdo, até cobri-lo inteiramente! Lancei-me ao chão, ao lado daquela sepultura, embargado, transtornado, o coração cheio de angústia e profundamente dilacerado; mas, nada entendia daquilo que se passava diante de mim... aquilo que também me estava reservado!... A morte!... o túmulo! Estas palavras, não as pude entender nunca!

Ó perdoa-me, perdoa-me! Ontem!... Devia ser aquele o último instante da minha vida! Anjo! Sim, pela primeira vez senti, com absoluta certeza, este pensamento delicioso abrasar o mais profundo do meu ser: "Ela ama-me! Ela ama-me!" Queima-me ainda os lábios o fogo sagrado que vinha em torrentes dos seus lábios; uma ardente embriaguez, jamais sentida, transbordou do meu coração. Perdoe-me, perdoe-me!

Ah! bem sabia que você me amava! Soube desde os primeiros olhares onde transparecia sua alma, desde os primeiros apertos de mão; e, no entanto, quando saía de junto de você, ou quando via Alberto ao seu lado, tomava-me de um grande abatimento, devorado pela febre da dúvida.

Lembra-se das flores que me mandou no dia em que não me pôde dizer, naquela reunião odiosa, uma só palavra, nem mesmo apertar-me a mão? Oh! permaneci ajoelhado diante delas o resto da noite; eram para mim o selo do seu amor. Mas, ai de mim, essas impressões passaram. Assim apaga-se, pouco a pouco, na alma do crente, o sentimento da graça do seu Deus, que lha concedeu por meio de sinais sagrados e visíveis, em toda a sua plenitude celestial.

Tudo isso se extingue com o tempo, mas nenhuma eternidade extinguirá a vida ardente que aspirei ontem dos seus lábios e que sinto queimar em mim. Ela ama-me! Estes braços a enlaçaram, estes lábios fremiram contra os seus, esta boca balbuciou colada à sua boca! Você é minha, Carlota; sim, minha por todo o sempre!

A mim, que importa que Alberto seja seu marido? Seu marido!... O casamento só vale para este mundo, e é só neste mundo que cometo um pecado, amando-a, desejando arrancá-la dos braços dele para estreitá-la nos meus! Um pecado! Pois bem, dele fui punido; esse pecado, eu o prelibei em toda a sua voluptuosidade celestial, meu coração esgotou nele a força e o bálsamo da vida.

Desde aquele momento, você ficou sendo minha, minha, ó Carlota! Eu a antecipo, indo para meu Pai, para o teu Pai! Dir-lhe-ei as minhas penas e ele me consolará até que você venha. Então, voarei ao seu encontro, enlaçando-a, e ficaremos em face do Eterno unidos por um beijo sem fim.

Não estou sonhando, não estou delirando. Ao aproximar-me do túmulo, meus olhos vêem mais claro. Nós subsistiremos! Nós nos tornaremos a ver! Verei sua mãe; sim, eu a verei, eu a encontrarei, abrirei meu coração diante dela! Sua mãe! Aquela de quem você é a perfeita imagem!"

Cerca das onze horas, Werther perguntou ao criado se Alberto estava de volta, e o criado disse que sim, que vira alguém reconduzindo o seu cavalo. Então, Werther entregou-lhe um bilhete aberto contendo estas palavras: "Poderá você emprestar-me as pistolas para uma viagem que pretendo fazer! Adeus, seja feliz!"

Naquela noite, Carlota mal conseguira conciliar o sono. O que tanto havia receado, cumpria-se, e de um modo que não lhe fora possível temer nem prever. Sua pulsação, ordinariamente tão tranqüila e tão igual, estava presa de uma agitação febril; sentimentos os mais opostos perturbavam aquele nobre coração. Seria do beijo de Werther que ela sentia arder em seu seio, flama que lhe havia inspirado tamanha audácia? Ou tal inquietação provinha do desassossego que experimentava ao comparar o presente com os dias de inocente tranqüilidade e de confiança em si, isentos de constrangimento e cuidado? Como aparecer ao seu marido, como contar-lhe aquela cena que podia confessar, perfeitamente, e que, entretanto, não ousava confessar a si própria? Há quanto tempo ambos guardavam silêncio a esse respeito! A ela cabia rompê-lo, fazendo ao esposo semelhante confidência em momento tão inoportuno? Se temia, já, que a simples notícia da visita de Werther produzisse em Alberto uma impressão aborrecida, que seria então quando ele soubesse da inesperada catástrofe? Ele a veria tal como sempre ela fora, sem nenhuma prevenção? E era-lhe possível desejar que Alberto lesse o que se passava em sua alma? Por outro lado, como dissimular perante um esposo aos olhos do qual sua alma estivera sempre aberta e transparente como o cristal, e a quem jamais ocultara, jamais havia podido ocultar um só dos seus sentimentos? Todas estas reflexões a enchiam de inquietação e perplexidade; e seus pensamentos se voltavam sempre para Werther, perdido para ela, sem que, entretanto, pudesse renunciar a ele, que se via forçada a abandonar e, perdendo-o, era como se perdesse tudo. Como sentia, então, pesar em seu coração, sem poder distintamente percebê-lo, a frieza que se produzira nas relações entre Werther e Alberto! Por causa de certas diferenças de sentimentos, esses dois homens tão dóceis e tão bons tinham-se trancado num silêncio recíproco; depois, cada qual puxando para o seu lado, a situação complicara-se, e de tal sorte se tornara tensa, que era já impossível, precisamente no momento crítico quando tudo dependia disso, reaproximá-los. Se antes uma confidência salvadora os tivesse unido, a indulgência e o afeto recíprocos nascessem em seu coração, permitindo que se abrissem um ao outro, nosso amigo talvez pudesse salvar-se.

Uma circunstância particular juntou-se às perplexidades de Carlota. Werther, nós vemos isto através das suas cartas, nunca fez mistério do seu propósito de deixar este mundo. Esse sombrio desígnio, tantas vezes combatido por Alberto, foi também muitas vezes objeto das conversações de Carlota com seu marido; e este, a quem semelhante ato inspirava decidida repulsa, com uma sorte de irritação de ordinário estranha ao seu caráter, havia dado a entender que não tomava a sério tal resolução. Permitira-se, mesmo, pilheriar a respeito, ao ponto de fazer com que Carlota acabasse partilhando da sua incredulidade. Se, de um lado, quando seus pensamentos lhe apresentavam tão lúgubre perspectiva, isso a tranqüilizava, de outro, sentia-se inibida de confiar ao seu marido, naquele momento, as apreensões que a atormentavam.

Quanto Alberto voltou, Carlota foi ao seu encontro com um açodamento que mal disfarçava certo embaraço. Ele chegara um tanto agastado, por não haver concluído o seu negócio, pois encontrara no bailio, seu vizinho, uma natureza obstinada e mesquinha. Os caminhos péssimos haviam contribuído, também, para aumentar-lhe o mau humor.

Alberto perguntou se tinha aparecido alguém e ela respondeu, com precipitação, que Werther viera na véspera, à tarde. Depois, perguntou se havia cartas para ele; Carlota informou que estavam no quarto, mais alguns pacotes. Alberto foi vê-las e Carlota ficou sozinha. Diante do homem que amava e estimava, recebia novas impressões; a certeza da generosidade, afeto e bondade do esposo, restituíra um pouco de calma ao seu coração. Sentindo-se secretamente inclinada a ir ter com ele, pegou da costura e sentou-se ao seu lado, como sempre fazia. Encontrou-o ocupado em abrir e ler a correspondência, sendo que algumas cartas pareciam conter notícias pouco agradáveis. Carlota fez-lhe algumas perguntas; Alberto respondeu com breves palavras; em seguida, pôs-se a escrever.

Passaram, assim, uma hora, um ao lado do outro. Cada vez mais a alma de Carlota se ia tornando sombria. Experimentava quão difícil seria revelar ao ma-

rido, ainda que apresentasse o maior bom humor, aquilo que pesava em *seu coração, caindo numa tristeza tanto mais opressiva quanto se esforçava por ocultá-la* e *engolir* as *lágrimas.*

A chegada do criado de Werther lançou-a numa perturbação extrema. O *homem entregou* o *bilhete* a *Alberto, que* se *voltou tranqüilamente para ela* e *disse: "Entregue-lhe* as *pistolas!" E acrescentou, dirigindo-se* ao *criado: 'Diga-lhe que desejo uma boa viagem". Tais palavras aturdiram-na como um raio; ergueu-se cambaleando, sem saber o que sentia, dirigiu-se lentamente* à *parede, com as mãos trêmulas retirou* as *pistolas, limpou a poeira; depois, hesitou,* e *sua hesitação teria durado muito se um olhar de espanto de Alberto não a forçasse* a *decidir-se. Entregou ao criado* as *armas fatídicas, sem poder proferir uma palavra;* e, *assim que ele se retirou, Carlota pegou da costura* e *refugiou-se no quarto, ao lado, presa de inexplicável agitação.*

O *coração pressagiava-lhe terríveis acontecimentos. Ora esteve* a *ponto de atirar-se aos pés do marido* e *contar-lhe tudo, a cena da véspera, sua falta* e *seus pressentimentos; ora parecia-lhe que esse ato não teria nenhum resultado, tanto mais quanto não poderia decidi-lo* a *ir para junto de Werther. Serviu-se o jantar. Uma boa amiga que viera tomar uma informação, para retirar-se imediatamente... ficou, tornando a conversação suportável durante* o *repasto. Cada qual, embora constrangido,* conversa, *conta diversas coisas,* e *depois esquece tudo quanto conversou.*

O *criado leva* as *pistolas* a *Werther,* que as recebe *com arrebatamento* quando se *inteira* de que *tinha sido Carlota* que as *entregara.* Serviu-se de *pão* e *vinho, disse* ao *criado* que *fosse jantar,* e *pôs-se* a *escrever:*

Elas passaram pelas suas mãos, você as limpou! Beijo-as mil vezes: você tocou-as. É você, anjo do céu, que favorece meu desígnio! Você mesma, Carlota, fornece o instrumento que vai consumá-lo! Desejei receber a morte de suas mãos; é de você que a recebo hoje! Interroguei o meu criado e ele contou-me que você tremia ao entregar-lhe as pistolas, e não me enviou um adeus!... Ai de mim, ai de mim, nem um adeus!... Ter-me-ia fechado o coração por causa deste instante que me liga a você para sempre? Ó Carlota, milhares de anos não bastariam para apagar a impressão de tudo isso, e, sinto-o, você não pode odiar aquele que arde assim por sua causa!

Depois *do jantar, ele ordenou* ao *criado* que *acabasse* de *fazer* as malas, *rasga* uma *porção* de *papéis* e *sai para pagar algumas pequenas dívidas. Retorna* à *casa,* sai de *novo, apesar da chuva, dirigindo-se* ao *jardim do conde; depois, põe-se a errar pelo campo. Ao cair da noite, volta para casa e escreve isto:*

Pela última vez, Wilhelm, vi os campos, os bosques e o céu. Adeus, a você também!... Querida mãe, perdoame! Console-a, Wilhelm! Que Deus vos abençoe! Todos os meus negócios estão em ordem. Adeus! Nós nos tornaremos a ver e seremos mais felizes!

Recompensei-o mal, Alberto, mas você me perdoará. Perturbei a paz do seu lar, lancei entre vocês a desconfiança. Adeus! Quero pôr um termo a tudo isto. Oh! Se vocês puderem ser felizes por causa da minha morte! Alberto, Alberto, faça feliz o anjo que tem a seu lado! E que assim a graça de Deus baixe sobre você!

Durante a noite, remexeu ainda por muito tempo os seus papéis, dos quais rasgou uma porção, lançando-os ao fogo. Fez alguns pacotes e endereçou-os a Wilhelm.

Eram pequenos ensaios e pensamentos soltos; muitos desses trabalhos me foram mostrados. Depois das dez horas, tendo ordenado que lançassem mais lenha ao fogo, pediu uma garrafa de vinho e mandou dormir o criado, cujo quarto, bem como o das demais pessoas da casa, era muito distante do seu. O criado deitou-se de roupa e tudo, para erguer-se na manhã seguinte muito cedo, pois o amo lhe havia dito que os cavalos da posta estariam em frente da casa antes das seis horas.

Depois das onze horas.

Em torno de mim reina a tranqüilidade, e minha alma está tão calma! Agradeço-vos ó Deus, por me conceder, em meu últimos momentos, este calor e esta força!

Aproximo-me da janela, ó minha amiga, e vejo ainda, através das nuvens que o vento tempestuoso, ao longe, dispersa, brilhar aqui e além as estrelas do céu eterno. Não, vós não tombareis! O Eterno vos retém em seu seio, e a mim também! Vejo as rodas do Carro, a mais querida das constelações. Quando ontem a deixei, quando saí de sua casa, eu vi diante de mim essa constelação. Com que inebriamento a tenho tantas vezes contemplado! Quantas vezes, erguendo as mãos ao céu, a tomei como sinal, como monumento sagrado da felicidade que então fruía! E, no entanto, ainda... Ó Carlota, que é que não me faz pensar em você? Você não está em tudo quanto me cerca? E não tenho eu, como uma criança, furtado avidamente mil ninharias que você tocou, ó minha santa?

Querida silhueta! A você a lego, pedindo-lhe que a venere. Quando entrava, ou quando saía, imprimi nela milhares de beijos; mil vezes lhe disse adeus.

Escrevi um bilhete ao seu pai, pedindo-lhe que proteja meu corpo. No cemitério, bem ao fundo, no canto que dá para o campo, há duas tílias: é lá que desejo repousar. Ele poderá fazer isso, há de fazê-lo pelo seu amigo. Peça-lhe também! Não exigirei dos piedosos cristãos que deixem depositar seus corpos ao lado de um infeliz! Ah! eu queria que me enterrassem à beira da estrada, ou no vale solitário! Ao passar, o sacrificador e o levita haviam de persignar-se diante da pedra que marcaria o meu túmulo, e o Samaritano me concederia uma lágrima.

Veja, Carlota, que não tremo ao pegar a fria e terrível taça por onde quero beber a embriaguez da morte! É você quem ma apresenta e eu não hesito um só momento. É assim que se consumam todos os votos, todas as esperanças da minha vida, todas! Quero bater, gelado e rígido, à porta de bronze da morte!

Se eu tivesse alcançado a ventura de morrer, de sacrificar-me por você, Carlota! Eu morreria corajosamente, e com que alegria, se pudesse restituir-lhe o repouso e a felicidade! Mas, ai de mim, a muito poucas e nobres criaturas é dado derramar o sangue pelos seus e, com a morte, iluminar uma vida nova e centuplicada para aqueles que amam!

É com esta roupa, Carlota, que quero ser enterrado; você a tocou, você a santificou; também isto pedi a seu pai. Minha alma flutuará sobre o caixão. Que ninguém remexa em meus bolsos. O nó cor-de-rosa que você trazia no corpete, quando a vi pela primeira vez em meio das suas crianças... Oh! Beije-as mil vezes por mim e conte-lhes a histórias do seu desgraçado amigo! Queridas crianças! Vejo-as alvoroçadas em torno de mim! Ah! como prendi-me a este nó cor-de-rosa, como, desde o primeiro momento, não mais pude deixá-lo!... Irá comigo para o túmulo; você me deu no dia do meu aniversário natalício. Com que sofreguidão o recebi! Não pensava que tudo me havia de conduzir até aqui!... Calma, peço-lhe, calma!

Elas estão carregadas... bateu meia-noite! Assim seja, então!... Carlota, Carlota! Adeus, adeus!

Um vizinho viu o clarão da pólvora e ouviu o estampido, mas, como tudo voltou ao completo silêncio, não se inquietou mais.

Às seis horas da manhã, ao entrar com uma lâmpada, o criado encontrou o amo estendido no solo. Vendo as pistolas e o sangue, chamou-o, sacudindo-o. Nenhuma resposta. Werther estertorava. Correu ao médico, foi à casa de Alberto. Carlota ouviu bater e sentiu um arrepio por todo o corpo. Despertou o marido e ambos saltaram da cama. O criado, gritando e gaguejando, deu-lhes a notícia. Carlota caiu sem sentidos aos pés de Alberto.

Quando o médico chegou o desgraçado jazia no soalho. Não havia mais esperanças de salvá-lo, pois, conquanto o pulso ainda batesse, todos os membros estavam paralisados. Ele havia metido uma bala na cabeça, acima do olho direito, e os miolos saltaram para fora. Fazendo uma tentativa, deram-lhe uma sangria no braço; o sangue correu e ele continuou a respirar.

A mancha de sangue que se via no espaldar da poltrona, provou que Werther estava sentado à sua secretária quando disparou a arma; que em seguida tombara e, debatendo-se na convulsão, rolara ao lado da mesma poltrona. Estirado em decúbito dorsal, perto da janela, não teve mais forças para fazer qualquer movimento. Estava completamente vestido e calçado, envergando um fraque azul e um colete amarelo.

A princípio a casa, depois a vizinhança, por último a vila inteira foi sacudida pela emoção. Alberto apareceu. Tinham posto Werther sobre o leito, com o rosto amarrado por um lenço. A sua fisionomia era já a de um morto. Não fazia o menor movimento. Os pulmões ainda arfavam de um modo horroroso, ora fracamente, ora com mais força. Esperava-se o fim.

Ele bebera apenas um copo de vinho. O drama de "Emília Galotti" estava aberto sobre uma estante.

Dispensem-me de descrever a consternação de Alberto e o desespero de Carlota.

O velho bailio acudiu, logo que soube da notícia, e beijou o moribundo, derramando lágrimas ardentes. Seus dois filhos chegaram a pé, logo depois do pai, e, abandonando-se à dor mais violenta, caíram junto ao leito, beijando as mãos e a boca de Werther. O mais velho dos dois, por quem Werther sempre demonstrara particular estima, colou-se-lhe aos lábios até que o infeliz soltasse o último suspiro, tendo sido preciso arrancá-lo dali à força. Werther expirou ao meio-dia. A presença do bailio e as medidas por ele tomadas, evitaram que a multidão se atropelasse em frente da casa. À noite, cerca das onze horas, o bailio fê-lo enterrar no local previamente escolhido pelo desgraçado. O velho e os filhos acompanharam o cortejo. Alberto não se sentiu capaz de fazê-lo. Temia-se pela vida de Carlota. O corpo foi conduzido por trabalhadores. Nenhum padre o acompanhou.

A presente edição de WERTHER de Goethe é o Volume de número 2 da Coleção Excelsior. Capa Cláudio Martins. Impresso na Líthera Maciel Editora e Gráfica Ltda., à rua Simão Antônio 1.070 - Contagem, para a Editora Itatiaia, à Rua São Geraldo, 67 - Belo Horizonte - MG. No catálogo geral leva o número 00996/6B. ISBN. 85-319-0677-6.